体育旅游理论与发展路径研究

胡江平 著

延边大学出版社

图书在版编目（CIP）数据

体育旅游理论与发展路径研究 / 胡江平著 . -- 延吉：延边大学出版社，2023.5
ISBN 978-7-230-05003-6

Ⅰ.①体⋯ Ⅱ.①胡⋯ Ⅲ.①体育－旅游业发展－研究－中国 Ⅳ.① F592.3

中国国家版本馆 CIP 数据核字（2023）第 091396 号

体育旅游理论与发展路径研究

著　　者：胡江平
责任编辑：张海涛
封面设计：文合文化
出版发行：延边大学出版社
社　　址：吉林省延吉市公园路 977 号　　　邮　编：133002
网　　址：http://www.ydcbs.com　　　E-mail：ydcbs@ydcbs.com
电　　话：0433-2732435　　　传　真：0433-2732434
印　　刷：三河市嵩川印刷有限公司
开　　本：787 毫米 ×1092 毫米　　1/16
印　　张：11
字　　数：200 千字
版　　次：2023 年 5 月第 1 版
印　　次：2023 年 6 月第 1 次印刷
书　　号：ISBN 978-7-230-05003-6

定　　价：62.00 元

前　言

目前，旅游成为一种健康、时尚的休闲方式，旅游业已经成为国民经济中重要的经济增长点。体育旅游是旅游业的重要组成部分，是满足人们对旅游产品的要求、调整和完善产品结构的必然产物。作为体育与旅游交叉融合而形成的、具有体育和旅游双重特性的新兴产业，体育旅游的发展对于丰富旅游产业、拉动体育需求、提高国民经济增长等都具有非常重要的推动作用。

我国不仅具有得天独厚的天然旅游资源，还有丰富的、独具特色的民族体育文化资源。进入21世纪，随着我国经济的稳步发展，旅游业的发展速度不断加快，旅游业的格局和结构也发生了明显的变化，其中一个变化就是以休闲、放松、健体、娱乐为主的现代旅游正逐步代替以参观为主的传统观光旅游。体育旅游就是一种发展迅速、前景广阔的现代旅游方式。当前，体育旅游如何科学地发展，从而在社会上发挥应有的作用，是社会大众目前关注的焦点。顺应当前社会生活条件下人们旅游需求的变化，认识体育旅游的价值，对合理规划、培育体育旅游市场，推动社会进步与经济发展具有积极作用。

本专著是广西高校中青年教师科研基础能力提升项目"广西壮族'打榔舞'体育文化学研究"（项目编号：2023KY0779）与2022年广西民族师范学院体育专业硕士学位授权点资助项目（编号：1011-39500103003）的研究成果。本专著从旅游发展的基础理论与体育旅游的基本概念出发，对体育旅游资源的分类及评价进行分析，深度剖析体育旅游市场开发的原则、步骤、内容，探索当前我国西部地区体育旅游产业的发展状况，提出具体、可实现的路径，以期进一步丰富体育旅游理论，为我国体育旅游产业持续健康发展提供理论依据。总的来说,本书语言简练、内容丰富全面、结构清晰,对当前体育旅游的发展进行了全面且深入的分析与研究,充分体现了科学性、发展性、实用性、针对性等显著特点。希望本书的出版,能够为相关研究提供参考和借鉴。

CONTENTS 目录

第一章　旅游发展的基础理论……………………………………1

　　第一节　体验经济理论…………………………………… 1
　　第二节　可持续发展理论………………………………… 14
　　第三节　利益相关者理论………………………………… 20
　　第四节　旅游地生命周期理论…………………………… 27

第二章　体育旅游的基础理论……………………………… 34

　　第一节　"体育旅游"相关概念………………………… 34
　　第二节　体育旅游的特点与类型………………………… 37
　　第三节　体育旅游和社会各要素的关系………………… 43

第三章　体育旅游资源的内涵、分类、评价……………… 62

　　第一节　体育旅游资源的含义与特征…………………… 62
　　第二节　体育旅游资源的分类…………………………… 65
　　第三节　体育旅游资源评价……………………………… 68

1

第四章　体育旅游市场的开发、规划和营销……74

第一节　体育旅游市场概述……74
第二节　体育旅游开发与规划……80
第三节　体育旅游市场营销……86

第五章　西部地区的体育旅游开发路径……92

第一节　西部地区的体育旅游资源开发……92
第二节　西部地区的体育旅游产品开发……108
第三节　西部地区的体育旅游市场开发……117

第六章　广西体育旅游发展的路径……126

第一节　广西体育旅游示范县的产业耦合协调发展……126
第二节　桂林休闲体育与健康旅游产业的融合发展……140

参考文献……168

第一章 旅游发展的基础理论

第一节 体验经济理论

体验经济被称为继农业经济、工业经济和服务经济三个阶段之后的第四个人类经济生活发展阶段,或被称为服务经济的延伸。旅游业、服务业、餐饮业、娱乐业等行业都展现出体验经济的某些特征。

一、体验经济的含义与特征

(一)体验经济的含义

体验(Experience)通常被看成服务的一部分,但实际上,体验是一种经济物品,像服务、货物一样,是实实在在的产品,不是虚无缥缈的。

1998年,美国经济学家约瑟夫·派恩二世(B. Joseph Pine II)和詹姆斯·吉尔摩(James H. Gilmore)在《体验经济》一书中提出,所谓体验,就是企业以服务为舞台,以商品为道具,围绕着消费者,创造出值得消费者回忆的活动。其中,商品是有形的,服务是无形的,而创造出的体验是令人难忘的。

与过去不同的是,商品、服务对消费者来说是外在的,但是体验是内在的,存在于个人心中，是个人在形体、情绪、知识上参与的所得。没有两个人的体验是完全一样的，因为体验来自个人的心境与事件的互动。体验经济的灵魂或主观思想核心是主题体验设计，而成功的主题体验设计必然能够有效地促进体验经济的发展。在体验经济中，"工作就是剧院"和"每一个企业都是一个舞台"的设计理念已在发达国家企业经营活动中被广泛应用。

（二）体验经济的特征

体验经济具有如下基本特征：

1. 非生产性
体验是当一个人的情绪、体力、精神处于某一特定状态时，他意识中产生的一种感觉。它本身不是一种经济产出，难以量化。

2. 短周期性
一般规律下，农业经济的生产周期最长，一般以年为单位；工业经济的周期以月为单位；服务经济的周期以天为单位；而体验经济以小时，甚至以分钟为单位。

3. 互动性
农业经济、工业经济是卖方经济，它们所有的经济产出都停留在顾客之外，不与顾客发生关系。服务经济已经注意到顾客参与的重要性，而体验经济则更注重与顾客的互动，因为任何一种体验都是某个人的身体、心智状态与所筹划事件之间互动作用的结果，顾客全程参与其中。

4. 不可替代性
体验经济的产出物"体验"的需求要素是突出感受，这种感受是个性化的，因为没有任何两个人能够拥有完全相同的体验经历。

5. 映像性
任何一次体验都可能给体验者留下难忘的回忆：一次航海远行、一次极地探险、一次峡谷漂流、一次乘筏冲浪、一次高空蹦极、一次洗头按摩……而且，体验者对体验的回忆超越每一次体验本身。

6. 高增值性
体验经济是一种价值增值的过程。成本不过两元钱的咖啡，在气氛温馨的咖啡屋里，伴随着轻柔的古典音乐和服务人员亲切的笑脸，价格可能达到数十元,顾客也认为物有所值。体验营造的过程,也是价值增值的过程。

7. 非免费性

在成熟的体验经济中,产品的价格不仅与实物商品的价值相联系,消费者还将为体验付费。产品设计者围绕着引人入胜的主题,设计独特的体验,让消费者觉得值得为此付费。

二、体验经济与旅游产业发展

在国内,叶朗先生较早地提出:"旅游,从本质上说,是一种审美活动。离开审美,还谈什么旅游……旅游活动就是审美活动。"于光远先生同样强调:"旅游是现代社会生活中居民的一种短期的特殊的生活方式。这种生活方式的特点是:异地性、业余性和享受性。"他们都强调了旅游活动的休闲性与审美性,这是颇有见地的。我们从中国古代对"游"字的解释中同样可以发现旅游活动的休闲与审美特征。"游"在《说文解字》中被解释为"旌旗之流也",其本义是旌旗上面的飘带或垂饰物,后引申为自由自在。朱熹对"游"的解释,即"玩物适情",意为愉悦中的生命体验自由。由此我们可以这样理解旅游的含义:人在旅途(旅)中自由地体验与欣赏(游),旅游的意义就是自由生命的自由体验。

旅游需要休闲的状态、自由的感受、艺术的想象和审美的情趣。阿尔卑斯山的上山公路旁立着一块提示牌,写着"慢慢走,请欣赏",这正道出了旅游的真谛。日本著名美学家今道友信将审美知觉表述为"日常意识的垂直中断",这也可以作为对旅游状态的描述。真正的旅游者不应该是浮光掠影、走马观花、直奔目的地的匆匆过客,而应该是玩物适情、情与物游、品位全过程的体验者。这就需要我们在旅游景观的营造、旅游服务的提供等各方面充分地考虑人的休闲、审美与体验的需求。

现代社会,越来越多的消费者渴望得到体验,越来越多的企业精心设计、销售体验。在体验经济中,企业不再仅仅销售商品或服务,它还提供了最终体验并充满感情的力量,给顾客留下难以忘却的愉悦记忆。从这个角度来说,在体验经济时代,顾客每一次购买的产品或服务在本质上不再仅仅是实实在在的商品或服务,而是一种感觉,是一种情绪、体力、智力甚至精神上的体验。旅游作为一种人们求新、求异、求奇、求美、求知的重要途径，本身就是一种体验经济。

体育旅游是体育与旅游的结合，能够实现体育资源和旅游资源的互惠互利。从形式上来说，它是一项旅游活动，而其主要内容则是体育项目。在体验经济时代，作为最直接的体验方式，运动因其在健身、娱乐、休闲、刺激、参与性等方面的独特魅力而广受欢迎。21世纪无疑是体验经济的时代，旅游行业因其体验的本质而成为体验经济的重要组成部分。游客希望通过旅游获得一次难忘的经历，充满刺激的体育旅游活动，如跳伞、蹦极、攀岩、漂流、潜水、滑草、动力伞、狩猎等，广受欢迎。

三、旅游体验及其分类

大约从20世纪60年代开始，旅游业对体验经济的关注逐渐变成学术界和旅游管理机构研究的重点领域之一。学者们将旅游的本质视为一种体验活动，是旅游者离开常住地去异地获得的经历和感受的活动，它既包括旅游者运用原有知识对客观事物进行分析和观察所获得的心灵共鸣及愉悦的感觉，也包括他们通过直接参与活动而得到的舒畅感，同时旅游者在旅行中通过接触陌生事物而进行学习的过程也是一种体验。

（一）旅游体验的内涵

谢彦君在《基础旅游学》中指出，旅游体验是旅游个体通过与外部世界取得联系从而改变其心理水平并调整其心理结构的过程，这个过程是旅游者心理和旅游对象相互作用的结果，是旅游者以追求旅游愉悦为目标的综合性体验。作为体验的一个分支，或者说是体验的一种特殊类型，旅游体验过程可以被表达为"旅游环境刺激—旅游者对信息的加工融合—旅游体验形成"。

从性质上看，旅游体验类似一种"镜像体验"，即通过目的地这面镜子，旅游者在凝视"他者"的同时，也在认识自我。

从结构上看，旅游体验具有多重层次结构：其一，从时间结构上看，旅游体验包括预期体验、现场体验和追忆体验，呈现阶段性特征，并随时间的流逝而不断升华，进而演化成人们生活经验和精神世界的一部分；其二，从深度结构上看，旅游体验具有一定的层次性，基本可分为感官体验、身体体验、情感体验、精神体验和心灵体验五个层次，越是深度的旅游体验，越能让游客感受到旅游的意义；其三，从强度结构上看，旅游体验通常可被分解为一般性体验和高峰性体验两个层面，越能达到高峰性体验，越能使游客感到旅游的价值。

体验经济是服务经济深化的结果，是通过创造个性化的生活及商业体验而获得利润。体验经济的到来，意味着人类的生产及消费行为都发生了变化。随着旅游业的发展日趋成熟，旅游者的需求也在逐步发生变化。旅游者由缺乏旅游经验，使用标准化旅游产品，发展到逐步对大众旅游产品感到厌倦，更注重个性化的服务，追求灵活性、挑战性和多种选择等。反映在对旅游产品的需求上，过去单一的观光、娱乐旅游产品对旅游者的吸引力日渐衰弱，而休闲化、个性化和参与性强的旅游产品则受到青睐。旅游者的出游行为表现为：更愿意选择当散客而非跟团游；选择个性化定制的旅游产品而非标准化产品；从跟随他人去名胜古迹到自己发现旅游胜地；从"走马观花"式的巡游到"下马观花"式的游览；从旁观到参与；从只重视"到此一游"的结果到同时重视结果与过程；从被组织和被安排到自己组织和自己安排。

体验式营销、体验式消费将继续深化。目前，人们购买的不再只是商品本身，更看重的是商品附加的象征意义。当旅游活动结束时，虽然游客带不走旅游资源，但关于旅游体验的记忆将长久保存，人们愿为这种体验付费，"因为它美好、难得、非我莫属、不可复制、不可转让、转瞬即逝，它的每一个瞬间都是唯一"。对于旅游企业来说，应该做的是像迪士尼创始人华特·迪士尼说的那样："我希望它所带给你的将全部是快乐的回忆，无论是什么时候。"

（二）旅游体验的类型

1. 娱乐（Entertainment）

体验经济时代，娱乐是生活的主流。生活中新的娱乐方式不断涌现，游客通过不同的娱乐方式使自身得到放松，忘却苦恼。追求快乐还成为自我实现的价值泛化，正如电影《甲方乙方》讲述的那样，"好梦一日游"公司让痴迷军事的小书贩当了回"巴顿将军"，让想过苦日子的百万富翁当了一段时间衣衫褴褛的乞丐。

按照游客对娱乐活动的参与程度差异，可将娱乐体验分为三种：观赏型娱乐、参与型娱乐和介于二者之间的观赏参与型娱乐。

观赏型娱乐指的是游客主要通过静态观赏的方式，以精神参与的形式来感知娱乐活动，如观看电影、戏剧表演等；参与型娱乐指的是游客主要通过动态的方式，以身体参与的形式来感知娱乐活动，如攀岩、漂流、冲浪等；观赏参与型娱乐指的是游客通过静态与动态结合的方式，同时运用精神和身体来感知娱乐活动，如在观赏动物的同时进行喂养、拍照或与动物玩游戏等活动。

2. 教育（Education）

早在大旅游时代（Grand Tour），旅行就被视为教育的重要手段。我国古代以李白、杜甫为代表的士人漫游，也是将教育和旅游结合的体现。教育和旅游起着相互促进的作用，游客能在旅行的过程中获得知识，在获得知识的过程中又可以提高人们出游的倾向性。

按照游客的旅游目的，可将旅游教育体验分为两类：一类是主观的教育体验，一类是客观的教育体验。主观的教育体验指的是游客以教育为主要目的，通过参加旅游活动，以满足自己的求知欲，如修学旅游、体验式游学、红色旅游等；客观的教育体验指的是游客的主要目的并非教育，但在旅游过程中无意识地获得了知识。从某种程度上来说，任何形式的旅游都可以扩展游客的知识面，游客不仅可以通过旅游资源获得知识，还可以通过出游时接触不同类型的人而获得知识。

3. 逃避现实（Escape）

在分工细化、操作重复、生活节奏快、工作压力大的现代社会，人们的生理和心理健康遭受了前所未有的严峻挑战。美国哲学家马尔库塞将因为社会异化导致人格畸形的人形容为"单面人"，人们为了摆脱繁重的工作、复杂的人际关系，往往会选择将旅游作为一种自我调节或暂时逃避的手段。

按照游客逃避的原因，可将逃避的体验分为四类：逃避城市环境、逃避日常生活、摆脱工作压力和逃避复杂的人际关系。

逃避城市环境是指人们逃避在城市中因人口密集、交通拥堵、环境污染、资源短缺等因素而导致的压力，而现代科学技术造就的钢筋混凝土的城市也让人有种冷冰冰、硬邦邦的感觉，缺乏亲切感。

逃避日常生活是指人们逃避日复一日的单调生活，如学生"三点一线"（食堂、教室、宿舍）的生活，选择一处远离自己日常生活的地方，寻求新鲜感。

摆脱工作压力则是人们因为竞争激烈的工作导致精神紧张和自信心受挫，希望通过旅游活动来舒缓压力、恢复信心。

逃避复杂的人际关系则是因为德国哲学家海德格尔所说的"人际关系的稀薄化"而导致人情冷漠的"邻居心态"和"假面人"随处可见。通过旅游活动，人们可以结交无利害关系的新朋友，或沉浸在自己的世界里，或去农村享受淳朴的田园式的人际关系。

4. 审美（Estheticism）

旅游是一项集自然美、艺术美和生活美之大成的综合性审美实践活动。随着物质生活的丰富，个人的可支配收入与空闲时间的增加，大众对旅游审美的需求不断增强。通过审美活动，游客可以陶冶情操和调节心理状态，改善生活品质，促进自身的全面发展。

四、旅游体验的塑造

心理学认为，人是通过感觉、知觉、记忆、思维、想象、学习等环节从外界获取知识的，这些环节被合称为认知。《体验营销》的作者伯恩德·H.施密特（Bernd H. Schmitt）根据消费者的认知过程提出，要根据消费者感觉（Sense）、情感（Feel）、思维（Think）、行动（Act）、关联（Relate）五个方面，重新定义、设计营销的思考方式。为了使游客获得最佳的旅游体验，景区应在充分了解游客的基础上，推出满足游客内在和外在诉求的产品和服务。

（一）旅游体验塑造的原则

1. 真实性原则

真实性在塑造旅游体验方面非常重要，真实的场景和人物有助于游客形成高质量的体验。目前对体验的理论研究主要有"客观性真实""建设性真实"和"存在性真实"三种。

"客观性真实"的观点是强调原汁原味，即对事物原型的体验，比如对真实存在的山、水旅游资源的体验。

"建设性真实"的观点认为旅游目的地的真实性仅是象征意义上的真实性，与"建设性真实"相似的是旅游目的地形象的模式化。比如，苏格兰已经没有多少穿格子裙的风笛演奏者，斐济也没有多少穿草裙的人，但只要苏格兰和斐济向游客包装演绎一下，游客就会有种"真实感"。对于景区来说，应该认真研究游客心目中的"真实性"，而不是自身或当地居民理解的"真实性"。

"存在性真实"的观点认为游客主要是通过旅游活动来寻求真实的自我，感受被激活的生命存在状态。这种体验强调的是"在场"和"参与"，如野营、登山、蹦极等活动，游客更注重的是自己的主动参与，而不太在意旅游资源是否真实。

2. 差异性原则

旅游项目建设中应该设法向游客提供具有独特性的东西（包括产品、服务和景区形象等），并且同竞争对手区别开来，力争做到"人无我有，人有我新"。

景区塑造差异化的手段有：① 景区实体产品，景区布局、餐饮、服饰、举止等方面的差异；② 景区主题文化、服务流程、人文关怀方面的无形差异；③ 目标市场定位的差异，准确定位顾客群，有效避免竞争；④ 促销策略，了解游客内在的真实性需要与欲求，采取合适的促销方式给游客强烈有效的刺激。

实行差异化最主要的问题是差异化的持久性，这往往取决于游客的价值观和竞争对手对其的模仿程度。

3. 文化性原则

文化是引导景区游客参与活动并进行相关消费的深层次因素，自觉或不自觉地影响着游客的行为。旅游景区要高度重视旅游文化建设，充分挖掘景区的文化内涵。在塑造旅游体验时，景区可以从中国传统文化、本地的地域文化（如风俗、传说、典故、饮食等）方面发掘，同时借鉴外来文化，再辅以景区营造的企业文化，打造一套富有特色的旅游文化体系。

4. 参与性原则

没有游客参与，就难以形成高质量的旅游体验，景区的产品设计应考虑游客的参与性。在体验经济时代，游客是消费者，也是生产者。景区要为游客提供一个展示自我的舞台，使他们能更好地置身其中，通过参与各种项目，获得个人的成就感和更精彩的旅游体验。适度的挑战型活动能使旅游者忘却自我，全身心地参与到项目中，如坐滑翔机观看景区、走迷宫、野外生存等。

（二）塑造旅游体验的方法

1. 感官刺激

旅游认知过程总是从较为低级的感觉、知觉开始，平淡无奇的事物很难引起游客的关注。景区应充分调动人们的五官，有效刺激游客的视觉、听觉、嗅觉、味觉、触觉等，强化游客的体验。

（1）视觉

在人类的所有感觉中，视觉无疑是最重要的，80%以上的外界信息经视觉获得。旅游活动也是从视觉活动开始的，体育旅游景区景点的开发与设计首先必须从视觉角度出发。景区要给游客以赏心悦目、新奇、震撼等视觉体验，在总体布局和局部细化上都要注重视觉冲击感。这需要景区精心设计景观，提高其组合搭配、陈列设计、艺术效果，以及注重色彩的巧妙运用。色觉对于视觉极为重要。饭店大堂、客房设计环节早已充分重视色彩的搭配；国外许多城市利用城市色为城市进行推广，对城市的建筑进行色彩限定，如巴黎的米黄色、伦敦的土黄色。景区也应充分利用色彩对游客的调动作用，如迪士尼会根据各游览区的主题和色彩配以相应颜色的鲜花，游客一进入公园就为色彩缤纷的鲜花所吸引；少数民族多彩的服饰、故宫的金黄和红色主题、普罗旺斯的薰衣草紫色海洋都能给游客留下深刻的印象。需要留意的是，色彩会涉及文化和个体价值观差异的因素，如日本人忌讳绿色而中东大多数国家的人则喜欢绿色，因此在进行色彩设计时要十分注意。

（2）听觉

一般认为，在人类的各种感觉中，听觉的重要性仅次于视觉。人们常说"有声有色"，听觉可以让游客感受到街市和自然的声音。风声、雨声、蝉鸣、鸟叫、蛙声等能让人有种回到自然怀抱的感觉，而山歌、方言、音乐等则会让游客领略到人文之美。对于来自城市的游客而言，很少能感受到自然的听觉美，就这点来说，景区听觉美的重要性并不亚于视觉美。

西方景区往往将声音视为塑造氛围的重要手段，如英国的比米什露天博物馆在经营的过程中，将鸡鸭叫声、咯咯作响的有轨电车、啪啪作响的火堆、嘎吱作响的车辆、铜管乐队的演奏视为勾起人们怀旧情绪的手段；伦敦博物馆包房利用金属管风琴声营造维多利亚时代的气氛；约克郡的约维克博物馆则利用声响效果再现北欧海盗时代。布利斯顿（Burleston）在美国的调查发现，音乐会影响商业交易，舒缓的背景音乐能增加消费金额，而且会延长顾客的滞留时间。在我国的景区中，寒山寺的钟声则是成功的典范，它将文学、宗教、传说与自然很好地结合在一起。另外，"声音品牌化"已成为品牌推广的新手段，美国、日本、新加坡等国家以及中国香港等地区都有"声品牌"景观，我国旅游景区当借鉴国内外的先进经验。

（3）嗅觉、味觉

嗅觉具有很强的适应性，但在对新环境的感知中，人的嗅觉是非常敏感的。好的气味能使人精神愉悦，轻松兴奋；难闻的气味则会让人沮丧，而且会使人联想到景区的卫生质量问题。20世纪50年代的东京因没有抽水式厕所而气味难闻，后来因为要举办奥运会而进行了厕所卫生革命，旅游者才大量涌入。厕所环境脏乱、气味难闻是我国旅游业面临的一个难题，进入21世纪，我国推进旅游厕所的建设和质量等级的评定。"气味营销"在景区中的应用有普及之势，如香水喷泉、香雾景观、香水瀑布、芳香走廊、芳香花园等。

味觉可以满足我们品尝美食的需要。我国旅游景区应充分利用我国烹饪大国的优势，将景区的餐饮条件变成吸引游客的重要手段。味觉还被认为是触发回忆、唤起怀旧情怀的有效方式。英国的比米什露天博物馆利用一些往昔的气味营造工业和乡村文化遗产式的气息，比如农场中的动物气味、20世纪20年代牙医诊所中的丁香油气味等。

（4）其他感觉

触觉：通过手、足及身体其他部位对物体的触摸，旅游者能将虚幻的感觉真实化，古典文学中常提及的抚栏、倚栏、拍栏杆等动作，就是一种触摸体验。旅游景区中，一些雕像如石狮、铜牛等常满足了客人触摸的欲望，如天安门大门上的铜乳钉个个被摸得发亮。

温度觉：旅游者对气候、温差也很重视，"四季如春"是人们普遍的理想选择。一般来说，气温为18～23℃，相对湿度为65%～85%的气候是宜人的。对于景区来说，室内温度可以控制，室外温度则很难控制。

痛觉：在一般情况下，痛觉引起的体验是负面的，但在一些特殊的旅游形式中，"以苦为乐"反而成为人们寻求挑战、追求刺激、拒绝生命委顿的一种动力。极限、探险旅游就属于此列，比如欧美旅游者中有大量的"寻求刺激者"

(Thrill-seekers)。对于景区来说，在最大程度地保障旅游者安全的同时，不妨巧妙地在一些挑战性项目上运用痛觉，以达到增强其游览体验的目的。

动觉、平衡觉：动觉在旅游者的娱乐消遣活动中起着重要作用，打球、滑雪、蹦极、冲浪、坐过山车、乘坐交通工具等环节都会产生动觉。动觉能提高游客的旅游热情，增强旅游体验。所以景区在设计旅游产品时，要注意让旅游者"动起来"，切忌只让旅游者静态观赏。平衡觉能提高人们的兴奋度，但在设计项目时要尽量避免运动眩晕感（如晕车、晕船等）。

2. 在景区中应用感官刺激须注意的问题

（1）感觉的适应性

人的感觉只有在刚发生时才是最强烈的，之后就越来越弱。适应作用与刺激强度也有关，刺激越强烈，适应作用发生得越快。对景区而言，愉悦游客感官不是一劳永逸的事，只有不断地改变刺激强度，感官刺激才能持续存在。

（2）感觉阈限

每种感觉器官都有特定的感觉阈限，刺激太强或太弱都不能引起人的感觉。能可靠地引起感觉的最小刺激强度叫绝对阈限，感觉所能觉察的刺激物的最小差异量叫差别阈限。在设计景区产品时，既要考虑绝对阈限，也要考虑差别阈限，如照明光源的设计需超过 30 Hz，音响设备要保持在 20～20000 Hz 之间。而在改变产品外观时，要注意差别阈限的计算。

（3）知觉心理特征

感知是认知的底层，它对感觉所获得的信息进行处理，由此引发知觉。而知觉具有选择性、整体性、相对性、组织性等特征，所以感官刺激在不同的游客群体中引发的感知不尽相同，这和个人背景密切相关，如教育、智力、兴趣、期望、个性、需求、文化、社会阶层等。

（4）感官刺激的综合运用

在旅游体验系统的设计过程中，要综合运用各种感官刺激，充分调动人们的五官，有效刺激游客的视觉、听觉、味觉、嗅觉和触觉。同时要注意，针对不同的游客群体，在运用手段上也要有所变化。

3. 特色主题

主题是景区的灵魂，是景区一系列产品组合提炼后的精华。没有特色主题，游客就抓不住景区的特点，只会留下散乱的印象。要策划一个好的主题，需注意以下几个方面：

第一，主题宣传口号要简练易记且能精练概括景区的特征。例如，宋城的"给我一天，还你千年"，既表达出宋城要展示的历史内涵，又朗朗上口；香格里拉的"深呼吸一次，足足回味一辈子"，强调了香格里拉优良的自然条件。

第二，深入挖掘当地文化内涵，开发别具一格的主题。在我国的各个少数民族聚集区，有着大量的民族传统体育活动，如蒙古族的摔跤、赛马，黎族的跳竹竿，藏族的射箭等；还有许多传统的节庆活动，因极具地方特色，而受到旅游者的喜爱。因此，景区要因地制宜地进行文化挖掘，形成独有的文化品牌。

第三，产品整合。景区在主题的统率下，要严密地整合各项产品以加强主题印象。在布局方面，要注意景物的主题分区，塑造立体层次感；在风格上，要注意景物资源与主题的和谐搭配；在游览路线的设计上，要让游客有"畅"的感觉；在产品开发方面，要注重高科技和旅游产品的结合，还要不断翻新，让游客能不断获得新鲜的体验。

4. 提供纪念品

旅游纪念品能满足游客的购物需求，传播地域文化，将景区文化有形化；旅游纪念品还起着无形的广告作用，同时还会延长旅游体验持续的时间。对于游客来说，经历是无形的、容易遗忘的，通过摄影和购买纪念品，游客能将自己的旅游经历保存起来。游客购买纪念品，不仅可以收藏，还可以用来馈赠或炫耀，在与别人分享快乐的同时获得心理上的满足。从这个层面来说，纪念品是一种使体验社会化的方法，人们通过它把体验的一部分与他人分享。

在设计旅游纪念品时，要注重顾客参与，主要有两种方式：一种方式是让游客体会设计者所要传达的意境，从而唤起游客的某种联想，这种联想与游客的旅游活动密不可分，能满足游客某种情感诉求；另外一种方式是让游客自己动手制作，就是人们常说的DIY。自己动手制作纪念品本身就是旅游经历的一部分，融入了游客的劳动和智慧，使纪念品具有了更高的价值。

旅游纪念品的设计还需要鲜明的主题。纪念品主题的选择，一要从游客的立场出发；二要突出主题的文化性和教育性；三要有差异性；四要紧跟时代，符合潮流。

5. 游客参与、互动和模仿

在景区体验塑造中，游客参与、互动和模仿是形成高质量体验的必不可少的手段。通过参与、互动、模仿，游客才能融入主题情境，增强对景区资源的感知和理解，获得深度的旅游体验。

要想提高游客的参与性，景区须在旅游项目的设计和创新方面狠下功夫，合理分配主动式参与旅游项目、被动式参与旅游项目的比例，设计景区的旅游项目库（如表1-1所示）。在观光类的旅游景区，应注意将观光与参与相结合。景区还可通过满足游客的模仿心理来提供特殊的旅游产品，如美国推出的"模拟战场体验旅游"，让游客配备模拟装备，来模拟抢占高地、强渡河流、潜入森林、沙漠寻踪、巷战、夜战、解救人质、救助伤员等战场任务。

表1-1 体育旅游项目库

交通旅游类
1. 人力旅行：步行、越野步行、自行车、划船、竹筏、木筏、皮艇等
2. 兽力旅行：大象、骆驼、马、驴、骡、牛及其他兽力车、兽力雪橇
3. 自然力旅行：滑翔、跳伞、帆船、漂流、溜索等
4. 动力旅行：飞艇、热气球、飞机、直升机、水上飞机、蒸汽机船、游艇、游轮、太阳能船、气垫船、潜水艇、汽车、太阳能车、摩托车、火车、索道缆车、自行爬山车、升降梯及其他动力旅行车
娱乐类
1. 自然娱乐：游泳、冲浪、潜水、帆板、帆船、跳伞、滑草、滑沙、滑雪、滑冰、风筝及其他自然娱乐
2. 器械与健身娱乐：摇曳、旋转、攀滑、跳跃设施、滑车、滑板、划船、水上自行车、多人自行车、跳跳自行车、越野自行车、脚踏轨道车、武术、气功、体操、健美减肥等
3. 动物娱乐：斗鸡、斗牛及其他驯兽表演，放生
4. 动力娱乐：汽车拖曳跳伞、快艇拖曳跳伞、汽车越野、赛车、摩托车、摩托艇、碰碰船、碰碰车、游艇、翻滚车、月球车、自由落体、观光摩天轮、过山车等
5. 理疗：避暑、避寒、冲击震动理疗、潮湿法理疗、推拿气功、针灸、药膳、理疗浴、药浴、沙浴、温泉浴、矿泉浴、负氧离子浴、森林浴、氧吧、桑拿浴、冰水浴、光波浴、高温瑜伽等
6. 智力活动：迷宫、猜谜、棋牌、越野智力比赛、电子游戏、虚拟现实及其他智力娱乐
7. 生产娱乐：狩猎、垂钓、放牧及饲养、农林种植收获、采撷、食品加工、纺织、锤炼打制、建造等
8. 体育竞技与军事娱乐：彩弹实战、射击、射箭、相扑、击剑、军体竞技、赛艇、赛马、保龄球、高尔夫、网球、足球、沙滩足球、篮球、排球、沙地排球、乒乓球、羽毛球、手球、马球、门球、垒球、棒球、曲棍球、冰球、水球、桌球、壁球及其他体育竞技活动

第二节　可持续发展理论

可持续发展是人类对工业文明进程进行反思的结果，是人类为了克服一系列环境、经济和社会问题，特别是全球性的环境污染和广泛的生态破坏，以及针对各种关系失衡所做出的理性选择。可持续发展反映了人类对自身以前走过的发展道路的怀疑和抛弃，也反映了人类对今后选择的发展道路和发展目标的憧憬和向往。

一、可持续发展理论的内涵

20世纪70年代初，围绕着"增长极限论"而展开的争论，导致一种新的经济发展理论——可持续发展理论产生。1987年4月，世界环境与发展委员会出版的《我们共同的未来》(*Our Common Future*)中使用的可持续发展定义为："持续发展是既满足当代人的需要，又不对后代人满足其需要的能力构成危害的发展。"1989年第15届联合国环境署理事会通过的《关于可持续发展的声明》(以下简称《声明》)指出了可持续发展的严格定义："可持续发展，系指满足当前需要而又不削弱子孙后代满足其需要之能力的发展，而且绝不包含侵犯国家主权的含义。环境署理事会认为，要达到可持续发展，涉及国内合作及跨国界合作。可持续发展意味着走向国家和国际的均等，包括按照发展中国家的国家发展计划的轻重缓急及发展目的，向发展中国家提供援助。此外，可持续发展意味着要有一种支援性国际经济环境，从而促进各国，特别是发展中国家经济的持续增长和发展，这对于环境的良好管理也是具有重要意义的。可持续发展还意味着维护、合理使用并且提高自然资源基础，这种基础支撑着生态抗压力及经济的增长。再者，可持续的关注和考虑，并不代表在援助或发展资助方面有一种新形式的附加条件。"

这份经过发展中国家与发达国家长期激烈辩论而最终得到环境署理事会通过的《声明》，引起了国际社会的重视。1990年第二次世界气候大会《部长宣言》和1992年联合国环境与发展大会《21世纪议程》等文件关于可持续发展的定义均采用了《声明》所用的提法。

基于以上分析，可以归纳出可持续发展战略的基本内容：① 改变只重视经济增长而忽视生态环境保护的传统发展模式；② 由资源型经济过渡到技术型经济，综合考虑社会、经济、资源与环境效益；③ 通过产业结构调整和合理布局，开发应用高新技术，实行清洁生产和文明消费，提高资源的使用效率，减少废物排放等，协调环境与发展之间的关系，使社会、经济的发展既能满足当代人的需求，又不至于对后代人的需求构成危害，最终实现社会、经济、资源与环境的持续稳定发展。

通过许多曲折和磨难，人类终于从环境与发展相对立的观念中醒悟过来，认识到人类在向自然界索取、创造富裕生活的同时，不能以牺牲人类自身生存环境作为代价；认识到要共同关心和解决全球性的环境问题，并开创了一条人类通向未来的新的发展之路——可持续发展之路。可持续发展是人与环境矛盾运动中形成的唯一正确的发展选择。这种选择不只是学者们在书斋里的议论，而是已被越来越多的人所接受并转变成为长期发展战略决策。由于这种选择关系到全人类的切身利益和长远利益，因而受到全人类的普遍关注。

可持续发展是我国的既定发展战略。我国自改革开放以来，通过实施环境保护这一基本国策，环境与经济的协调发展取得了明显成效，在国际上受到广泛称赞，如"绿色长城"（防护林带）的建设。1992年联合国环境与发展大会之后，国务院各部门着手研究制定我国的可持续发展战略，也就是《中国21世纪议程》。1994年7月，在我国和联合国开发计划署于北京联合召开的《中国21世纪议程》高级圆桌会议上，我国国务院宣布，把为在我国推行可持续发展战略而制定的《中国21世纪议程》作为指导性文件。这标志着可持续发展已经被郑重地确定为中国长期发展的指导原则，成为我国21世纪的既定发展战略。

二、旅游可持续发展理论

（一）旅游可持续发展问题的提出

在旅游业飞速发展的过程中，旅游从业者开始认识到旅游与环境和谐共存的重要意义。

一方面，旅游业作为整个经济和社会系统的组成部分，在国民经济和社会发展中具有重要的地位和多方面的作用。旅游业本身就是可持续发展目标体系的组成部分。

另一方面，旅游业本身的发展也面临着可持续发展的要求：旅游业的发展对人类和自然遗产的依赖，对生态系统稳定性和持续性的影响，以及旅游需求对于人类尤其是对于未来人类基本需求的重要性。旅游业并非真正意义上的"无烟产业"，科学合理地发展旅游业当然符合社会可持续发展的要求，但违背自然、社会规律的片面发展，也会导致旅游业本身不可持续的问题，如旅游吸引物的破坏，文化古迹的大量开发破坏其原有的风貌，有些开发对环境的破坏是致命、永久的，会给后世造成难以弥补的损失。

1990年在加拿大温哥华召开的全球可持续发展旅游大会上，来自全球不同国家和地区、不同部门的官方和非官方的40多名代表，不仅拟定了全球《旅游可持续发展宪章（草案）》，还将旅游可持续发展明确定义为：旅游可持续发展是引导所有资源管理既能满足经济、社会和美学需求，也能维持文化完整，保护基本的生态过程、生物多样性和生命支持系统。1993年，《可持续旅游》学术刊物在英国的问世，标志着旅游可持续发展的理论体系已初步形成。1995年4月，联合国教科文组织、联合国环境规划署和世界旅游组织等在西班牙召开了"可持续旅游发展世界会议"，会议通过了《可持续旅游发展宪章》及《可持续旅游发展行动计划》，这两份文件为旅游可持续发展制定了一套行为准则，并为世界各国推广可持续旅游提供了具体操作程序。

（二）旅游可持续发展的含义

关于旅游可持续发展的内涵，学术界虽没有达成普遍共识，但分歧并不大。田道勇在总结前人研究成果的基础上对其做了如下定义：旅游可持续发展是指既满足当代人的旅游需求,又不损害子孙后代满足其旅游需求能力的发展。世界旅游组织顾问爱德华·英斯基普认为,旅游可持续发展就是要保护旅游业赖以发展的自然资源、文化资源以及其他资源,使其在为当今社会谋利的同时,也能为将来所用。这些定义基本是围绕1990年在加拿大温哥华召开的全球可持续发展旅游分会上提出来的概念进行讨论的。

综上所述,旅游可持续发展是指以资源和生态环境承受能力为基础,以符合当地经济、文化发展状况和社会道德规范为标准,实现旅游发展与自然、文化和人类生存环境的协调统一,以既满足当代人的需求,又不对后代人满足其自身需求的能力构成危害为目标的发展思想和发展道路。

旅游业可持续发展追求旅游开发的长期价值,以旅游开发的组合效应评价为出发点,强调旅游经济发展和自然生态以及社会承受力的综合统一,使旅游经济的发展建立在长期支撑体系上。正如联合国教科文组织、联合国环境规划署和世界旅游组织等通过的《可持续旅游发展宪章》所说:"旅游是一种世界现象,也是许多国家社会经济和政治发展的重要因素,是人类最高和最深层次的愿望。但旅游资源是有限的,因此必须改善环境质量。"

(三)旅游可持续发展的目标

1990年,在加拿大温哥华召开的全球可持续发展大会旅游组织行动策划委员会会议上,提出了旅游可持续发展的五大目标。大会认为,对旅游可持续发展的目标比较全面系统的表述是:① 增进人们对旅游所产生的环境效应与经济效应的理解,强化其生态意识;② 促进旅游的公平发展;③ 改善旅游接待地区的生活质量;④ 向旅游者提供高质量的旅游经历;⑤ 保护未来旅游开发赖以生存的环境质量。

(四)旅游可持续发展应遵循的原则

《可持续旅游发展宪章》提出:"我们认识到旅游发展目标要符合经济期望目标和环境要求,不仅要尊重当地的社会与自然结构,而且要尊重当地的居民。需要建立由旅游界主要参与者参加的有效联盟,使旅游能够对我们共同的遗产担负起更多的责任,这是旅游业的希望所在。"

宪章呼吁国际社会,特别是各国政府、公共当局、旅游界的决策者和专业人士,以及与旅游和旅游者有关的公众与私人社会团体、研究机构,接受其提出的原则(节选):①旅游发展必须建立在生态环境的承受能力之上,符合当地经济发展状况和社会道德规范。②旅游可持续发展的实质,就是要求旅游与自然、文化和人类生存环境成为一个整体;旅游发展不能破坏这种脆弱的平衡关系。考虑到旅游对自然资源、生物多样性的影响,以及消除这些影响的能力,旅游发展应当循序渐进。③必须考虑旅游对当地文化遗产、传统习惯和社会活动的影响。④为了与可持续发展相协调,旅游必须以当地经济发展所提供的各种机遇作为发展的基础。旅游与当地经济应该有机地结合在一起,对当地经济发展起到积极的促进作用。⑤所有可供选择的旅游发展方案都必须有助于提高人民的生活水平;有助于加强社会文化之间的相互关系,并产生积极的影响。⑥各国政府和政府机构应该加强与当地政府和非政府组织在环境方面的协作,完善旅游规则,实现旅游可持续发展。

三、旅游可持续发展的理论核心——旅游承载力

(一)旅游承载力的含义

旅游业可持续发展的关键就是解决旅游环境承载力约束问题。旅游承载力也被称为景区旅游容量,它是在一定时间条件下,一定旅游资源的空间范围内的旅游活动能力,即在满足游人最低游览要求,包括心理感应气氛以及达到保护资源的环境标准时,旅游资源的物质和空间规模所能容纳的游客活动量。简而言之,旅游承载力是指一个旅游目的地在不至于导致当地环境质量和来访游客旅游的质量出现不可接受的下降这一前提之下,所能吸纳外来游客的最大能力。

景区承载力强调了土地利用强度、旅游经济收益、游客密度等因素对旅游地承载力的影响,在内容上包括了资源空间承载量、环境生态承载量、社会心理承载量、经济发展承载量、社会地域承载量等基本内容,一个旅游地的旅游承载力是这些承载力的综合体现。

旅游的资源空间承载量:指在一定时间内旅游资源的特质和空间规模能够容纳的旅游活动量。

旅游的环境生态承载量:指在一定时间内,旅游接待地的自然环境所能承

受的最大限度的旅游活动量。这种限度一旦被突破，旅游资源所处的自然环境就会被破坏。

旅游的社会心理承载量（感应气氛容量）：这是从旅游者的角度来看的，是指旅游者在某地从事旅游活动时，在不降低活动质量的前提下，该地域所能容纳的旅游活动最大量。

旅游的经济发展承载量：现代旅游是经济和社会发展到一定高度的产物，同时各国各地区的旅游接待能力也受到当地的经济和社会发展水平的限制。这种限度就是旅游的经济发展承载量。换句话说，即旅游目的地接待能力超负荷时是否愿意以及是否能够增加基础设施的认识水平和实施能力，具体反映在旅游目的地愿意而且能够为发展旅游业而进行的投资规模的大小，这些投资可涉及旅游者吃、住、行、游、购、娱等方面的一切直接和间接设施。

旅游的社会地域承载量：由于每个旅游接待地区的人口构成、宗教信仰、民情风俗和社会开化程度不同，每个旅游地的居民和与之相容的旅游者数量和行为方式也不相同，二者之间可能存在一个最大的容忍上限，这个限度被称为社会地域承载量。

（二）旅游景区承载力的重要性

为了避免旅游景区因超量接纳外部的强制输入而导致景区生态系统失衡，旅游景区承载力指标对旅游景区接待地的旅游者活动和旅游产业活动，如接待人数、空间分布、旅游者行为等做出了一定的规定。旅游景区承载力是景区规划发展的前提。

第一，确定旅游景区承载力是景区接待游客的前提。旅游资源的不可再生性大大削弱了旅游景区资源所能容忍的旅游活动强度。有些旅游资源是遗留下来的重要资源，具有重要的保护价值。景区资源的保护必须作为生存与发展的头等要事，旅游活动的开展必须考虑资源保护的合理承载力要求。

第二，旅游心理容量是以服务旅游者的满意度为基础的。旅游心理容量包括旅游者的直接旅游心理容量（感知容量）和旅游地居民的相关旅游心理容量，即游人的数量应限制在不破坏游兴和心理快适的范围之内，否则就达不到旅游的目的。

第三，对旅游环境承载力的把握是走可持续发展道路的有力措施。旅游环境承载力是指在不会导致一定的旅游时间和地域内的生态环境发生恶化的前提下景区所容纳的旅游活动强度。生态承载力是衡量景区生态环境能否保持可持续发展的一项重要指标。

第四，旅游社会承载力是游客与景区居民增强交流的渠道。社会承载力是指由接待地的构成、宗教信仰、风俗、生活方式、社会开化程度等所决定的当地居民可以接纳和容忍的旅游活动强度。随着旅游业的不断成熟与发展，景区居民与有多种背景的旅游者的接触与交流加强了，增强了彼此的了解。旅游者的意识在影响和改变着居民的各种观念，也给居民带来了经济的繁荣和生活方式的巨大改变，这样就会使居民对旅游者的接纳能力不断提高，社会承载力也不断增加。

第五，旅游经济承载力是提高景区效益的有力保证。旅游经济承载力涉及的范围比较宽泛，有设施承载量、旅游开发的能力、当地与旅游业相关的产业、投入旅游业的资源、发展旅游业对某些产业的限制等。一般以设施承载量作为衡量旅游经济承载量的主要方面，它决定了接待游客的数量、旅游活动强度以及旅游经历的质量。旅游景区的设施应以满足游客的需求为基础，这样即使在旅游高峰期，景区食宿设施和容量也能够保持供求平衡，不会对景区造成困扰，限制景区的发展。

第三节　利益相关者理论

一、利益相关者理论的含义

（一）利益相关者理论的产生与发展

利益相关者理论是 20 世纪 60 年代起源于英美等西方国家的一种管理理

论，进入 20 世纪 80 年代以后，其影响开始扩大，并促进了企业管理理念和管理方式的转变。

英籍女学者彭罗斯（Penrose）在 1959 年出版的《企业成长理论》中提出了"企业是人力资产和人际关系的集合"的观念，从而为利益相关者理论的构建奠定了基石。直到 1963 年，斯坦福大学研究所才明确地提出了利益相关者的定义："利益相关者是这样一些团体，没有其支持，组织就不可能生存。"这个定义在今天看来，是不全面的，它只考虑到利益相关者对企业单方面的影响，并且利益相关者的范围仅限于影响企业生存的一小部分。但是，它让人们认识到，除了股东以外，企业周围还存在其他一些影响其生存的群体。

在此之后，学者们从不同的角度对利益相关者进行定义。其中，以美国学者弗里曼（Freeman）的观点最具代表性。1984 年，弗里曼出版了《战略管理：利益相关者管理的分析方法》一书，明确提出了利益相关者的概念和利益相关者管理理论。弗里曼认为："利益相关者是能够影响一个组织目标的实现，或者受到一个组织实现其目标过程影响的所有个体和群体。"与传统的股东至上主义相比较，该理论认为任何一个公司的发展都离不开各利益相关者的参与，企业追求的是利益相关者的整体利益，而不仅仅是某些主体的利益。这些利益相关者包括企业的股东、债权人、雇员、消费者、供应商等交易伙伴，也包括政府部门、本地居民、当地社区、媒体、环境保护主义等压力集团，甚至还包括自然环境、人类后代、非人物种等受到企业经营活动直接或间接影响的客体。这些利益相关者都对企业的生存和发展注入了一定的专用性投资，他们或是分担了一定的企业经营风险，或是为企业的经营活动付出了代价，企业的经营决策必须要考虑他们的利益，并给予他们相应的报酬和补偿。企业的发展前景有赖于对利益相关者不断变化的利益要求的回应质量。因此，管理者必须从利益相关者的角度来看待企业，这样才能达到持续发展。

（二）利益相关者的分类

有关利益相关者的划分方法，目前较为常见的有多锥细分法和米切尔评分法。

1. 多锥细分法

多锥细分法是指，利益相关者可以被企业从多个不同的角度进行细分，不同的利益相关者对企业的影响是不同的。20世纪90年代中期，国内外很多专家和学者采用多锥细分法从不同角度对利益相关者进行了划分。

弗里曼认为，利益相关者由于所拥有的资源不同，会对企业产生不同影响。他从三个方面对利益相关者进行了细分：①持有公司股票的一类人，如董事会成员、经理人员等，被称为所有权利益相关者；②与公司有经济往来的相关群体，如员工、债权人、内部服务机构、雇员、消费者、供应商、竞争者、地方社区等，被称为经济依赖性利益相关者；③与公司在社会利益上有关系的利益相关者，如政府机关、媒体以及特殊群体，被称为社会利益相关者。

弗雷德里克（Frederick）根据利益相关者对企业产生影响的方式来划分，将其分为直接的和间接的利益相关者。直接的利益相关者就是直接与企业发生市场交易关系的利益相关者，主要包括股东、企业员工、债权人、供应商、零售商、消费者、竞争者等；间接的利益相关者是与企业发生非市场关系的利益相关者，如中央政府、地方政府、外国政府、社会活动团体、媒体、一般公众等。

查克汉姆（Charkham）于1992年按照相关群体与企业是否存在交易性的合同关系，将利益相关者分为两类，即契约型利益相关者（Contractual Stakeholders）：股东、雇员、顾客、分销商、供应商、贷款人；公众型利益相关者（Community Stakeholders）：全体消费者、监管者、政府部门、压力集团、媒体、当地社区。

威勒（Wheeler）于1998年从相关群体是否具备社会性以及是否直接由真实的人来建立与企业的关系两个角度，将利益相关者分为四类：首要的社会性利益相关者，他们具备社会性和直接参与性两个特征，如顾客、投资者、雇员、当地的社区、供应商、其他的商业合伙人等；次要的社会性利益相关者，他们通过社会性的活动与企业形成间接联系，如居民团体、相关企业、众多的利益集团等；首要的非社会性利益相关者，他们对企业有直接的影响，但不与具体的人发生联系，如自然环境、人类后代等；次要的非社会性利益相关者，他们不与企业发生直接的联系，也不作用于具体的人，如环境压力集团、动物利益集团等。

2. 米切尔评分法

美国学者米切尔明确指出，有两个问题居于利益相关者理论的核心：一是利益相关者的确认，即谁是企业的利益相关者；二是利益相关者的特征，即管理层依据什么来给予特定群体以关注。

米切尔评分法从以下三个属性对可能的利益相关者进行评分，然后根据分值的高低来确定某一个人或群体是不是企业的利益相关者，是不是同一类型的利益相关者。

合理性，即某一群体是否被赋予法律上的、道义上的或者特定的对于企业的索取权。

影响力，即某一群体是否拥有影响企业决策的地位、能力和相应的手段。

紧急性，即某一群体的要求能否立即引起企业管理层的关注。

根据企业的具体情况，对上述三个特性进行评分后，企业的利益相关者又可以被细分为以下三类：①决定型利益相关者。他们同时拥有合理性、影响力和紧急性三个属性。为了企业的生存和发展，企业管理层必须时刻关注并设法满足决定型利益相关者的欲望和要求。典型的决定型利益相关者包括股东、雇员和顾客。②预期型利益相关者。他们与企业保持着较密切的联系，拥有上述三项属性中的两项。同时拥有合理性和影响力的群体——主要的利益相关者，如投资者、雇员和政府部门等；同时拥有合理性和紧急性的群体——依靠的利益相关者，如媒体、社会组织等；同时拥有紧急性和影响力，却没有合理性的群体——危险的利益相关者，如一些政治和宗教的极端主义者、激进的社会分子，他们往往会通过一些比较暴力的手段来达到目的。③潜在型利益相关者。他们是指只拥有合理性、影响力和紧急性三项属性中一项的群体。

国内一些学者也从利益相关者的其他属性对其进行了界定和划分。万建华、李心合从利益相关者的合作性与威胁性两个方面入手，将利益相关者分为支持型利益相关者、混合型利益相关者、不支持型利益相关者，以及边缘的利益相关者。陈宏辉则从利益相关者的主动性、重要性和紧急性三个方面，将利益相关者分为核心利益相关者、蛰伏利益相关者和边缘利益相关者三种类型。

二、旅游利益相关者的构成体系

综合以上利益相关者划分的方法，根据旅游开发所涉及的不同领域利益主体的利益性质、相关程度和影响方式，可将旅游开发的利益相关者分为三个层

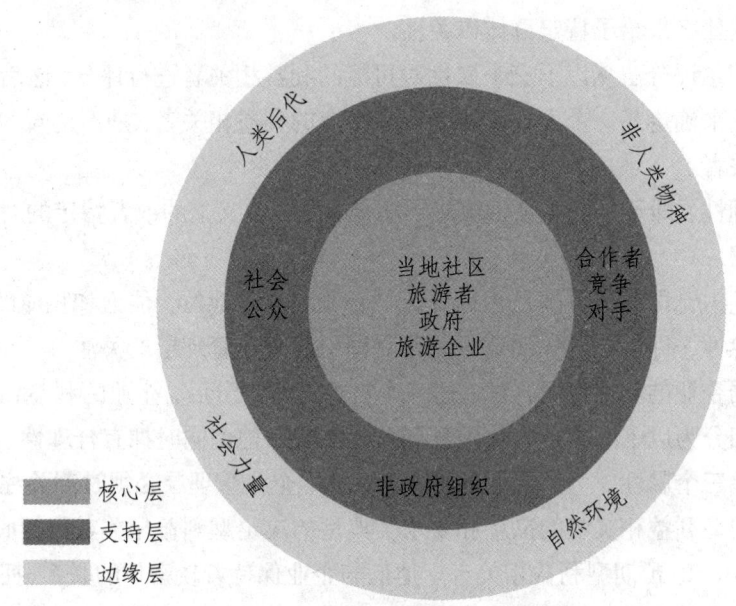

次,即核心层、支持层和边缘层(如图 1-1 所示)。

图 1-1 旅游开发利益相关者构成体系框架

(图中内容:核心层——当地社区、旅游者、政府、旅游企业;支持层——社会公众、合作者、竞争对手、非政府组织;边缘层——人类后代、非人类物种、社会力量、自然环境)

(一)核心层利益相关者

核心层利益相关者指旅游开发过程中的主要群体,他们拥有直接的经济、社会和道德利益。他们通过参与旅游开发,直接影响旅游开发的运行,直接接触旅游者的旅游活动,包括政府(国家、地方政府),旅游企业(投资商、供应商、代理商、员工),旅游者和当地社区。其中,旅游者和当地社区的利益处于最核心位置,因为旅游开发的目的就是为旅游者提供高质量体验和提高目的地社区居民的生活质量。

1. 政府

(1)国家旅游利益

体现在国内旅游方面,包括:通过旅游消费拉动经济增长、提高国民素质、促进社会进步、增加就业机会、改善国民生活质量等。

体现在国际旅游方面,包括:赚取外汇、平衡国际收支、促进文化交流、提高国家软实力、改善国际关系等。

（2）地方政府旅游利益

主要表现为：发展经济、改善居民生活质量、增加就业机会、提高地方知名度等。

2. 旅游企业

在旅游业发展过程中，必须保障旅游企业自身利益。旅游景区景点、饭店及其他住宿设施、运输系统、旅游商品经营企业等，有着大致相似的利益追求：良好的政策环境和合理的经济负担（税收、社区贡献等）；有高素质并热爱旅游业的劳动力资源（主要是当地就业者）；有充足、高质量的客源以保障经营收益（游客数量、停留时间和消费额）。

3. 旅游者

旅游者作为旅游产品的消费者，是旅游开发的利益相关者的重要部分。他们在支付相应的成本（如时间、精力等），忍受与接待地的文化冲突以及离开常住地后的各种生活不便的同时，希望能够享受到保质保量甚至物超所值的旅游产品，即"高质量"和"特殊"的旅游体验，旅游过程中的健康与安全得到保障，生活方式、宗教信仰、文化传统受到尊重，预设的自我价值得以实现等；他们还希望自己在目的地的部分开支被用来保护自然和文化遗产，如修复废弃的历史建筑物，使得旅游地的品牌形象得以进一步提升；他们也希望服务企业提供良好的售后服务，保持良好的客户关系。

4. 社区与当地居民

在旅游开发中，当地社区在资源、环境、社会、心理等方面都承担了一定的风险。而社区居民将直接体会到旅游业发展给生活带来的变化，旅游业发展的部分成本将直接转移给当地社区居民。因此旅游开发必须考虑当地社区与社区居民的利益，才能获得相应的支持，从而保证旅游业健康、持续发展。具体而言，当地社区更关注旅游开发过程中的自身利益，包括：充足、卫生的食品，没有污染的水源，医疗保健和健康安全，充足的工作机会和合理的工作报酬，较好的受教育机会，足够和能安全使用娱乐场所的机会等；维护和增强社区的个性，增强当地人的自尊和自信；参与旅游开发决策，提高对其生活的控制力。

5. 旅游业从业人员

在旅游业发展过程中，不同行业、不同层次的从业人员，也有自身的利益追求：明确个人的角色、权利和义务，合理的工资和福利，参与决策的权利，以及可期待的职业发展阶段。只有将个人的发展与组织的发展和行业的繁荣结合起来，从业人员的归属感和自我价值才能得以体现。

（二）支持层利益相关者

支持层利益相关者指那些在某一特定的时间和空间能给旅游开发带来机会和威胁的利益相关者，主要包括社会公众、竞争对手、合作者、非政府组织等。他们对旅游开发的影响是间接的，但在信誉、公众形象方面的作用较大。

如文化与环境保护组织，它们希望所代言的非人类种群的利益得到充分重视，包括：通过防护、改善、修复和重建被破坏的文化遗产和自然环境等达到保护文化遗产和环境的目的；通过发展旅游业拯救濒临失传的非物质文化遗产（民俗、民间艺术等）；鼓励人们对历史建筑、遗址等有形文化遗产进行保护，并为这些活动提供资金；激励人们去关心环境，提高环保意识；提倡人类活动对环境、资源的影响仅限于边缘区域，或者以一定的方式对这些影响进行补偿。

（三）边缘层利益相关者

边缘层利益相关者指潜在的、非人类的、间接作用于旅游开发和旅游业发展过程的利益主体。受旅游开发资源配置和使用行为影响的对象，包括人类的和非人类的、现实的和潜在的，以及影响旅游开发的宏观环境——政治、经济、社会、文化和技术环境等，这些都是旅游开发的利益主体，即边缘层利益相关者。

此外，还有利益相关者各方共同关注的问题：地方交通、通信和其他基础设施的改善；本地居民与旅游者之间的关系（如旅游开发对文化的影响或对基础设施的共同利用问题）；土地利用的分配问题（居民居住用地、接待设施用地、农业及娱乐用地、狩猎和保护区、野生动物栖息地等）；当地居民生活质量的提高；政府税收增加；地方声誉提高；等等。

体育旅游业的发展涉及众多的利益相关者，在它的发展中必然会有各种利益主体的博弈。在体育旅游项目开发的过程中，必须把这些利益相关者充分吸纳进来，并且尽力维护各方利益，才能使旅游业持续、健康地发展。

第四节　旅游地生命周期理论

一、旅游地生命周期理论的内涵

产品生命周期（Product Life Cycle，简称PLC），是把一个产品的销售历史比作人的生命周期，要经历出生、成长、成熟、老化、死亡等阶段。就产品而言，也就是要经历一个开发、引进、成长、成熟、衰退的阶段。被学者们公认并广泛应用的旅游地生命周期理论是1980年由加拿大学者巴特勒（Butler）提出的。巴特勒在《旅游地生命周期概述》一文中，借产品生命周期模式来描述旅游地的演进过程。他提出，一个地方的旅游开发不可能永远处于同一水平，而是随着时间变化不断演变的。巴特勒用一条近S形的曲线的变化，说明不同发展阶段旅游地的发展状况：有的时候旅游地的来访者人数处于上升状态，有的时候来访者的人数则处于下降状态。

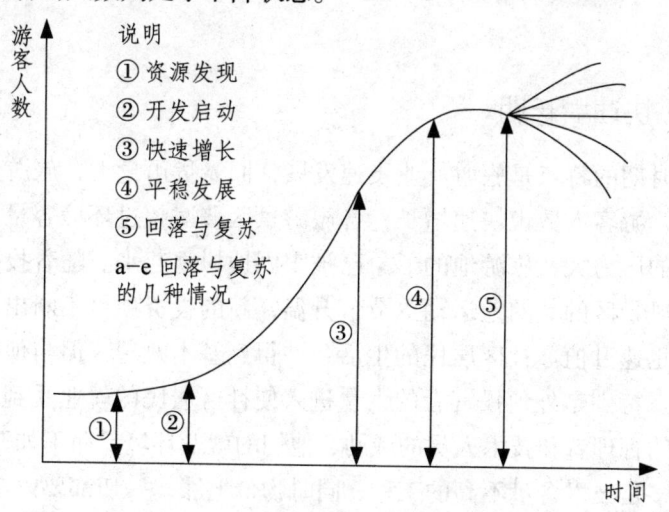

图1-2　巴特勒的旅游地生命周期曲线

图 1-2 为巴特勒的旅游地生命周期曲线。巴特勒认为，每个旅游地都将经历资源发现→开发启动→快速增长→平稳发展（巩固和停滞）→回落与复苏的过程，这个过程存在五个连续的阶段，就如同一个人的人生一样。

（一）资源发现期

资源发现期主要是少量的探险者、科考者进入旅游地，由于旅游地开发尚未启动，旅游资源还未成为旅游产品，很少有专门的旅游服务设施。此阶段也称旅游地发展的探索阶段（Exploration Stage），此时可以看到一些关于旅游地资源的摄影作品、科普科研文章、文学作品、绘画作品等，但都是纯粹的资源介绍，毫无商业营销意味，当地居民对外来者感到百般新奇并热情欢迎。

（二）开发启动期

旅游地的发展进入开发启动期，旅游业投资主要来自本地区，旅游资源正在转化为旅游产品。随着旅游地基础设施和旅游设施建设的投入，旅游地社区居民在就业、为建设者和游客提供服务方面都获得了前所未有的利益，因而对旅游开发充满热情。投资者为了得到回报和滚动开发资金，开始了大规模的营销，旅游地的知名度大增，游客大量涌入。此时旅游开发对社区环境的破坏已经开始了。

（三）快速增长期

这个时期的特点是旅游产业飞速发展，回笼货币量大，旅游业对当地经济拉动大，游客人数也快速增长，各旅游景区普遍超过环境容量，资源、环境、设施的压力大，旅游地的形象已被牢固地树立起来。随着投资资本大规模进入，风景区的"圈地运动"节节升温，新的投资项目不断出现，旅游地的房地产迅速升值。社区居民的生活条件得到基本改善，但与他们的期望值相差较大。特别是外地投资者的大量进入使社区居民的就业受到来自外地的训练有素的管理者和技术人员的威胁，他们的就业环境反而不如开发期时好，所从事的多是技术含量不高的工种；同时物价上涨，一切都要以金钱来交换，使社区居民在经济地位上更彻底地沦为"被剥夺者"。外地商人的进入也使社区居民的低水平的商业服务在竞争中占不到便宜。因而社区居民的不满情绪在滋长，特别是他们对投资者和游客的不满情绪大增，进一步影响了游客与社区居民的沟通。

（四）平稳发展期

这个时期可分为巩固和停滞两个阶段。

巩固阶段（Consolidation Stage）：旅游人数增长速度下降，但总量依然保持增长，社区的经济、社会、环境问题严重。为了缓和旅游市场季节性差异，投资者开拓新的旅游市场，并出现更多的旅游广告。

停滞阶段（Stagnation Stage）：旅游人数高峰来到，已经达到或超过旅游容量。旅游地依赖比较保守的回头客。人造景观大量取代自然景观，文化吸引物、接待设施过剩；大批旅游设施被商业化地利用，旅游业主变换频繁；酒店之间抢夺客源现象严重，市场混乱，低价竞争导致社区服务质量大幅下降。旅游地可能出现环境、社会、经济问题，社区居民对游客产生反感。

（五）衰落或复苏时期

衰落阶段（Decline Stage）：旅游者流失，旅游地游客数量依赖邻近地区的一日游和周末双日游的旅游者来支撑。旅游地财产变更频繁，旅游设施被移作他用，外来投资者将资金大量撤出，地方投资重新取代外来投资而占主要地位。

此外，旅游地在停滞阶段之后，也有可能进入复苏阶段（Rejuvenation Stage）。在此阶段，全新的旅游吸引物取代原有旅游吸引物。要进入复苏阶段，旅游地的吸引力必须发生根本的变化，要达到这一目标有两条途径：一是创造一系列新的人造景观；二是发挥未开发的自然旅游资源的优势，重新启动市场。

在衰落或复苏时期，由于景区开发的方式和成效差异，可能存在多种不同情况：①旅游地经过深度开发，卓有成效，游客数量继续增加，市场扩大，很快进入上升期，进入新的一轮生命周期；②景区限于较小规模的调整和改造，游客数量小幅增长，复苏幅度缓慢，注重资源保护，市场得到整治；③重点放在维持现有景区容量，避免游客数量出现下滑，旅游地继续平稳发展；④过度利用资源，不注重环境保护，导致竞争能力下降，游客数量显著下滑；⑤ 战争、瘟疫或其他灾难性事件的发生也会导致游客数量急剧下降，旅游地元气大伤，渐为人们所遗弃。

二、旅游地生命周期理论的应用

英国旅游地理学家库珀认为，旅游地生命周期理论是一个能合理地解释旅游地发展的模型；在指导旅游地规划和管理方面，该理论能为管理者提供长远的思想以及揭示各个阶段不同变化的影响力；但作为预测工具，该理论没有得到多少发展而且可能难以得到发展。

（一）旅游地生命周期的影响因素分析及控制调整

如果对影响旅游地生命周期的因素进行归纳，我们至少可以看到四方面的因素在很大程度上决定着旅游地生命周期的具体模型：吸引力因素、需求因素、效应因素和环境因素。这些因素以不同的方式、作用强度和作用时间，对旅游地生命周期施加影响。

1. 吸引力因素及其调整控制

旅游地吸引力是旅游地可持续发展的重要决定因素。旅游资源的吸引力一方面决定着旅游地对旅游者的吸引力的大小，吸引力越大，旅游地生命周期越长；另一方面决定着对当地旅游从业者的吸引力，通过激发其从业积极性，促进旅游业发展。要增强旅游地的吸引力，需在其生命周期的不同阶段采取不同措施：① 在探索期和起步期，确保旅游产品规划的特色性和文化性，以促进旅游地的快速起步；② 从发展期到成熟期，增强资源吸引力，提升资源的综合功能，加强旅游地的综合吸引力；③ 从成熟期到停滞期，更新旅游吸引物，提高市场吸引力，建立相关支持和保障体系，提高后续发展能力。

2. 需求因素及其调整控制

需求是旅游地生命周期演变的重要影响因素，尤其在开发论证阶段，需求论证是决定开发可行性的直接因素。需求因素本身受多种因素的影响，如消费观念、空闲时间、可支配收入、新的景点的出现、旅游地环境和服务质量的变化等。由于需求本身的复杂性和难以测量性，需求研究难以取得准确而全面的结论，这种情况在我国旅游开发实践中是有经验教训的。一方面，在主观上没有对需求特征进行细致深入的研究；另一方面，在客观上又缺乏从事市场研究的专家，致使许多旅游地开发项目缺乏应有的需求基础，最终导致经营上步履维艰，甚至关门谢客了事。

通过调整需求因素来调节旅游地生命周期，可以采取如下措施：① 在开发初期，充分研究市场需求，采取以市场为主导的开发策略，确保项目的可持续发展；② 在成长期、稳定期，采取以树立旅游地品牌为主的发展策略；同时关注市场变化，调整营销策略，保持并继续扩展客源市场规模；③ 在停滞期，通过选择放弃策略、收割策略或者创新策略来重塑吸引力，争取避免衰退或者转入复苏阶段，实现新的循环。

3. 效应因素及其调整控制

效应因素包括经济效应和社会效应。

经济效应对旅游生命周期的影响，可以集中反映在两个方面。一方面，持续的积极的经济效应，会对旅游地的开发经营者和社区乃至社会产生积极的影响，不仅可以使旅游地加速步入发展、巩固和成熟的阶段，增强其维持繁荣期的能力，而且可以促进旅游地的深度开发。另一方面，任何消极的经济效应，都将最直接地构成经营者自身的经营阻力并引发外部社会的负面反应，而这种状况只能使一个旅游地的衰退期加速到来。

社会效应在某些情况下确实足以影响旅游地的生命周期。一般而言，在旅游地的早期探险和随后的大规模开发阶段，由于旅游者群体大多由一些具有冒险精神、不因循守旧的人构成，他们通常都能积极适应旅游地的风俗习惯和社会规范，加之他们的出现给旅游地创造了又一个了解外部社会的渠道，因此，他们对旅游地生命周期的影响主要是正面的。而在旅游地发展达到饱和或进入停滞期时，旅游的大众化对地方文化的冲击趋于深刻，因此旅游者对地方社会的各种习俗和规范的适应性就差，由此而引发的种种社会摩擦，就可能潜在地或现实地加速旅游地衰退期的到来。

要处理上述效应因素所引发的问题，旅游地必须树立可持续发展理念：① 在最初的酝酿期和开发规划阶段，应当以可持续发展理论为指导；② 在后期其他阶段，大力推行可持续发展措施；③ 在整个生命周期都应该大力推行可持续发展战略。

4. 环境因素及其调整控制

环境因素是指旅游地的内部组织环境、外部经营环境以及宏观环境。内部组织环境，包括企业组织结构、地方管理部门、人力资源状况等；外部经营环境，包括政府投入、招商引资、市场开放程度等；宏观环境，包括旅游政策法规、社会舆论导向、重大事件等。

针对环境因素的影响，旅游地的政府、管理部门和旅游企业需要制定相应的调整控制措施：① 在起步期和成长期，政府制定相关政策，优化环境，做好营销；企业做好投资分析，调整组织结构，改变经营方式。② 在发展期和成熟期，树立品牌，促进各发展要素的整合升级；企业通过优化组合，完善内部组织环境。③ 在衰退期，采取调整措施。

此外，旅游地的自然环境也会影响旅游地的生命周期。旅游地的环境效应是一个日益引起人们关注的问题。以往人们倾向于认为旅游是一种不引发环境负效应的活动。可是，越来越多的事实表明，旅游会对环境造成非常严重的负面影响。这主要因为：① 旅游对环境的依赖十分强烈，或者说被开发的旅游地往往是为满足旅游者追求原始、自然或新奇的环境的需要而建设在自然环境和生态系统保存得最完好的地区的。正是由于旅游者的介入，才引发了一系列环境和生态问题。② 旅游本身因交通、对资源的需求、废物排放、土地利用、旅游者活动等因素而直接对环境造成不同形式和程度的影响。单从这两个方面而言，可以肯定的是，一个本来为满足旅游者消费需求而开发出来的旅游地，如果因管理不善而产生严重的环境问题，就意味着旅游者前往该地的初衷在事实上已无法得到实现，加之环境问题所引起的社区各种利益集团的负面反应，就必然会加速旅游地衰退期的到来。

对于旅游地生命周期的这一理论模型，西方学者一直在进行实证性的探索。尽管他们都在不同程度上发现了这个理论模型与实际情况之间存在的差异，但他们的研究成果都支持这一理论的一般观点。实际上，旅游地生命周期曲线的具体形状虽然因旅游地自身的发展速度、可进入性、政府政策以及竞争状况等因素的不同而各有差异，但每个旅游地都难免要经过"早期探险""地方参与""发展""巩固""停滞""衰退"这几个阶段。能够满足各个时代的旅游者口味的度假地实际上是不存在的。然而，从经营的角度而言，没有一个旅游地的经营者不期望他所开发经营的旅游地能在为他提供利润的前提下尽可能长久地生存下去。我们虽然相信使旅游地"永生"是不可能的,但也相信,在弄清了影响旅游地寿命长短的因素进而做出明智决策之后,使旅游地"长寿"的目标是不难达到的。

对旅游地生命周期的控制和调整,实际上就是对相关影响因素的作用力和作用方向进行控制和引导,最大限度地发挥这些因素对扩展旅游地的生命周期的积极影响。

第二章　体育旅游的基础理论

第一节　"体育旅游"相关概念

一、体育旅游

从字面上来看,"体育旅游"就是"体育"与"旅游"的结合。在理解体育旅游的概念之前,首先要清楚旅游的基本构成要素。"旅游"具备几个特征,即空间位置发生移动、暂时滞留目的地、活动内容非营利;"体育旅游"应具备旅游的特征,体育旅游者的活动可以是在目的地开展体育活动,也可以是在目的地观看体育赛事或体育方面的景观。综合上述分析来看,体育旅游是体育和旅游交叉、渗透、结合且发生质变而形成的社会时尚。

二、体育旅游资源

人们是否会进行体育旅游,一定程度上取决于体育旅游资源对人们是否具有吸引力,能否将人们的旅游动机与热情激发出来。人们只有产生旅游动机,才有可能付诸实践。吸引人的体育旅游资源也是体育旅游的对象。

体育旅游的对象可以是后天已经开发或有待开发的事物，也可以是为体育旅游者提供专门体育旅游服务的体育旅游设施。

一般可以将体育旅游资源的概念表述为，在自然界或人类社会中能吸引体育旅游者，将其体育旅游动机激发出来，使其做出体育旅游行为，从而产生相应经济、社会以及生态效益的事物。

三、体育旅游者

离开常住地，为参加或观赏体育活动而前往目的地暂时滞留，在旅途中及目的地做出消费行为，以满足自身健身、娱乐等旅游需要的人就是体育旅游者。

体育旅游者的体育消费主要包括实物消费与劳务消费，如图2-1所示。

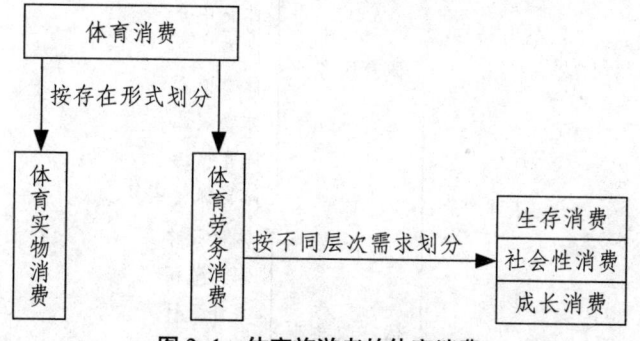

图2-1 体育旅游者的体育消费

体育旅游者的含义主要有四个方面：

第一，体育旅游者将参加体育旅游活动的目的定为满足精神享受或自我实现需要。

第二，体育旅游者必须离开常住地24小时以上，在目的地滞留1年以内。

第三，体育旅游者在旅游过程中必须参与体育活动。

第四，挑战自我，获得特殊旅游经历，满足精神需要，是体育旅游者的主要目的所在，同时，体育旅游者还要在体育旅游过程和装备方面支出一定的费用。

四、体育旅游业

体育旅游既具有大众性，也是特殊的旅游形式，依据这两点，可以将体育旅游业定义为：体育旅游业是以体育旅游资源为基础，以体育旅游者为主要对象，通过提供体育旅游服务满足体育旅游者需求的综合性产业。

体育旅游业是体育产业的重要内容。体育产业类型丰富，体育旅游业是某类体育产业中的组成部分，如依据体育商品的性质划分，体育产业可分为体育服务业和体育配套业（如图 2-2 所示）；依据产业链上下游关系划分，体育产业又可分为上游、中游和下游产业（如图 2-3 所示）。

体育产业
- 体育服务业
  - 健身娱乐
  - 竞赛表演
  - 体育中介
  - 体育培训
  - 体育博彩
  - 体育媒体
  - 体育旅游
  - 体育保健康复
- 体育配套业
  - 体育服装
  - 体育鞋帽
  - 体育器材
  - 体育食品
  - 体育饮料
  - 体育建筑

图 2-2　依据体育商品的性质，体育产业可分为体育服务业和体育配套业

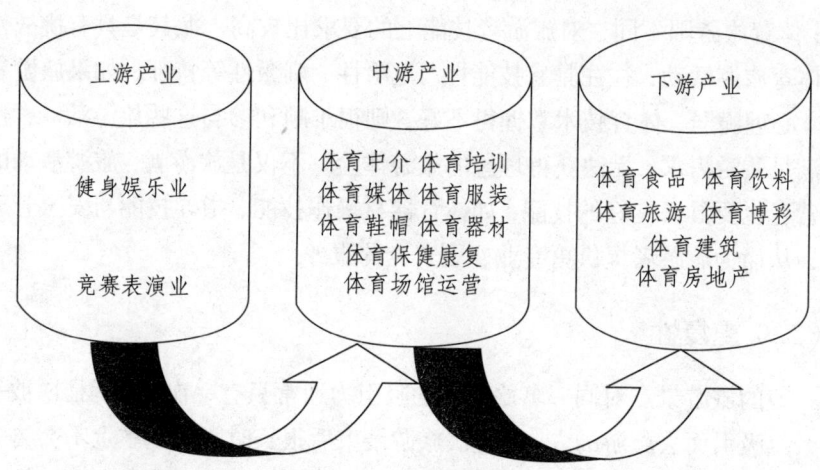

```
   上游产业              中游产业              下游产业

                    体育中介  体育培训       体育食品  体育饮料
  健身娱乐业         体育媒体  体育服装       体育旅游  体育博彩
                    体育鞋帽  体育器材          体育建筑
                    体育保健康复              体育房地产
  竞赛表演业         体育场馆运营
```

图 2-3　依据产业链上下游关系，体育产业可分为上游、中游和下游产业

从图 2-2 和图 2-3 来看，体育旅游业属于体育产业中的体育服务业，也是体育下游产业的重要组成部分。体育旅游业的含义主要体现在以下三个方面：① 体育旅游业发展的基础依托是体育旅游资源；② 体育旅游业主要服务于体育旅游者；③ 作为综合性产业的体育旅游业由多行业构成，如餐饮住宿、交通运输、旅行社、通信业、游览场所等。

第二节　体育旅游的特点与类型

一、体育旅游的特点

体育旅游具有旅游的一般特点，也有自身的独特性，也就是区别于一般旅游的特质，下面就其独特性进行重点分析。

（一）技能性

一般的旅游活动，尤其是旅行社组织的旅游活动，对旅游者没有技能上的要求；体育旅游则不同，对旅游者技能上的要求比较高。尤其是具有挑战性的户外体育旅游活动，往往具有技能性、危险性、刺激性等特征，如果旅游者体能差、心理脆弱、体育技术掌握得不好，则很难顺利参与这些旅游活动，也不可能满足旅游需求，无法获得理想的旅游体验。不仅是旅游者，旅游活动的组织经营者也要具备良好的技能，如体育器材操作技能、指导技能与安全管理技能等，从而为旅游者提供更专业、更安全的服务。

（二）重复性

一般的旅游景点对同一名旅游者的吸引力通常只有一次，也就是说被一个旅游景点吸引而去旅游的人，在此次旅游结束后很长时间内基本上不会再去第二次，并不是因为这次旅游让他们感到失望，而是他们更愿意把时间、精力和金钱用到自己没有接触过的新鲜的景点上。多次重复去一个景点会让他们觉得没意思。

体育旅游则不同，人们参加体育旅游活动，是出于对某项体育运动的爱好，如登山旅游是因为喜欢登山项目，观赏某项赛事是因为喜欢这项运动。因为有这方面的兴趣爱好，所以他们会重复这些旅游行为，就像喜欢篮球运动的人会经常打篮球一样，喜欢登山运动的人会经常和同伴进行登山旅游，喜欢足球运动的人会关注足球赛事，并前往赛事举办地支持自己喜欢的球队或运动员，因此体育旅游的回头客是比较多的。

（三）消费高

体育旅游属于高消费活动，具体从以下四个方面体现出来：① 有些体育旅游活动对旅游者的穿着、携带的物品等是有专门要求的，如果穿着太随意或没有携带必需物品，则很难顺利开展旅游活动，购置专门的服装与物品是消费行为。② 旅游者在旅游前会通过购买书籍或参加培训来掌握专门的技术，为旅游做好技能准备，而买书和参加培训都是需要花费一定资金的。③ 为了保障旅游活动的顺利开展和安全进行，旅游团队中应配备专业向导、医生等重要人员，并要给予他们相应的报酬，一般花费较高。④ 体育旅游相对危险，发生意外的可能性比一般旅游大，安全防范意识较强的旅游者往往会先买意外保险，然后外出旅游。不管是购买意外保险，还是购买专门的防护装备，都是不小的开支。

（四）体验性

现在，服务经济正在慢慢被体验经济所取代，这是世界经济形态发展演进的一个趋势。随着经济的发展和人们生活水平的提高，人们对旅游的需求越来越多元，需求层次也越来越高，体验需求属于一种较高层次的需求，而这也是现代体育旅游者的迫切需求之一。因此，体验式体育旅游与当前旅游市场发展需求是相适应的，体验式体育旅游依托丰富的体育旅游资源为旅游者提供相关服务，满足旅游者的健身需求、娱乐需求、交际需求和体验需求，增加旅游者的快感，丰富旅游者的体验，使旅游者享受其中的每个环节。

（五）风险性

体育旅游和一般旅游相比，存在较高的风险性，而且发生风险的偶然性较大，难以提前准确预测，一旦发生危险就会给旅游者造成相应的身心伤害或财产损失，甚至会使其失去生命，这对体育旅游爱好者来说是巨大的挑战和考验。

参加自驾车、登山、徒步穿越等极限类体育旅游活动，突发的危险和事故是经常会发生的。相较于我国户外运动的参与者来说，西方人参与户外运动的危险系数要大许多，伤亡事件的发生频率也较高。

造成安全事故的原因主要可以归为人为、设备、环境、组织管理等几类。环境因素有自然环境和社会环境两类，前一种因素是不可抗拒的，因此要提前做好预防和应对的准备，将生命损失、财产损失以及对社会的负面影响降到最低。体育旅游者必须有良好的安全防范意识与技能，要在关键时刻懂得自救和救人。

（六）地域性

不管是同一类型体育旅游资源在各地的分布，还是同一地方所拥有的体育旅游资源等，都是有规律可循的，与当地的自然环境、社会环境等都有密切的联系。各地的体育旅游资源都烙上了地方的印记，反映了地方的文化特色。

例如，我国北方冬季的冰雪运动、沿海地区夏季的海上运动、山区的登山运动和沙漠地区的沙漠探险活动等体育旅游项目都体现了体育旅游具有显著的地域性特征。

地域性特征是体育旅游吸引体育旅游者的一个主要原因，如果各地的体育旅游资源单一、雷同，对体育旅游者而言就没有吸引力，更不会激发体育旅游者旅游的动机。只有地方特色鲜明的体育旅游项目才会吸引大量的体育旅游爱好者争相前往参与旅游活动，并做出消费行为，这对当地经济的发展具有重要意义。

二、体育旅游的类型

体育旅游的分类方法有很多，常见的几种分类方式见表2-1。

表 2-1　体育旅游的分类方法

分类依据	类型
体育学、旅游学等不同研究角度	参团体育旅游
	自助体育旅游
体育旅游资源	水上项目型
	陆地项目型
	空中项目型
	冰雪项目型
	海滩项目型
体育旅游目的	观光型
	休闲度假型
	健身娱乐型
	竞赛型
	极限型
	拓展型
体育旅游者的参与行为	体验型
	观赏型

表2-1中的第一种分类如图2-4所示。

第二章 体育旅游的基础理论

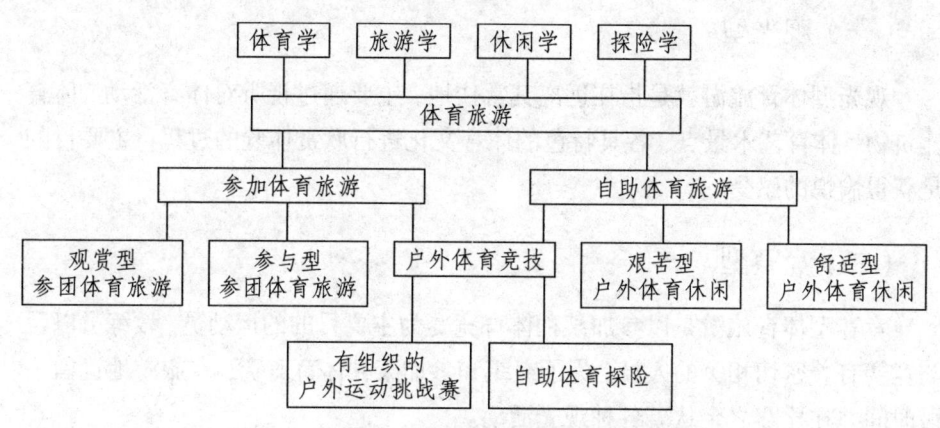

图 2-4 体育学、旅游学等不同研究角度的分类

下面重点分析表 2-1 中的第三种分类。表 2-2 是不同类型体育旅游的典型代表项目或内容。

表 2-2 不同类型体育旅游的典型代表项目或内容

类型	代表性作品
观光型	体育建筑
	体育遗址
	体育雕塑
竞赛型	大型体育比赛
休闲度假型	滑雪
	钓鱼
	温泉
	骑马
	冲浪
健身娱乐型	健身娱乐场所
拓展型	漂流
	攀岩
	溯溪
极限型	攀登
	高山速降
	跳伞
	蹦极

（一）观光型

观光型体育旅游就是指在远离其常住地，主要通过视听对体育活动、体育建筑物、体育艺术景点、各具特色的体育文化进行欣赏体验的过程，主要目的是获得愉悦的感受。

（二）竞赛型

竞赛型体育旅游是以参加某种体育竞赛为主要目的的运动员、教练员以及与竞赛有着密切相关的人员，为了组织和参加某种体育竞赛，在旅游地逗留一段时间并在比赛之余从事各种观光活动。

（三）休闲度假型

以消除疲劳、调整身心、排遣压力为主要目的，具有体育元素的旅游活动就是休闲度假型体育旅游。

（四）健身娱乐型

以娱乐性的体育健身、疗养、体育康复为主要目的的旅游形式即健身娱乐型体育旅游，如钓鱼、冲浪、骑马、游泳等项目。

（五）拓展型

旅游者在崇山峻岭、瀚海大川等自然环境和人工环境中磨炼意志、陶冶情操、寻求刺激、满足猎奇心理、挑战极限等活动就是拓展型体育旅游。

（六）极限型

极限型体育旅游是人类向自身生理和心理极限发起挑战的旅游项目。这类体育旅游项目的挑战难度是非常大的，同时还存在较大的风险性，其最大的特点就是追求刺激、挑战极限。通常情况下，这种类型的体育旅游往往是针对具备专业知识和经过专业训练的成年人开展的，因此，其也有"少数人的运动"之称。

第三节　体育旅游和社会各要素的关系

一、体育旅游与社会经济的关系

（一）体育旅游经济的内涵

人们在生活水平不断提高之后，进行的以旅游活动为前提，以商品经济为基础，以体育项目为媒介，以现代科学技术为依托，反映体育旅游活动过程中体育旅游者与经营者之间由于各种利益而发生经济交往所表现出来的各种经济活动和经济关系的总和，就是体育旅游经济。

具体而言，体育旅游经济是指由体育旅游者的旅游活动引起的，体育旅游者同体育旅游企业之间以及体育旅游企业同相关企业之间的经济联系。体育旅游企业为体育旅游者提供相应的吃、住、行、游、购、健身等服务，而旅游者给付一定报酬，从而形成了旅游者与旅游企业之间的经济联系。旅游企业为安排好旅游者的旅游活动，需要同其他有关企业或部门发生经济联系，这些经济联系便构成了旅游经济的内容，它是国民经济运行的重要组成部分。

（二）体育旅游经济的特征

体育旅游经济，作为一种特殊的经济形式，有其本身所具有的显著特征，具体表现在以下四个方面：

1. 属于一种经济活动

体育旅游经济的出发点是人，是围绕人的体育经济行为产生的活动，可以说是传统经济在新的时代条件下内核发生转换后的产物。体育旅游经济所探讨的内容主要是：由体育旅游所引起的"生产、交换、分配、消费"关系的变化，以及各环节之间的交替互动过程。

2. 具有无形性

体育旅游行为消费的是无形资源，而不是有形资源，这是体育旅游经济与传统经济的最大区别。从某种意义上来说，体育旅游经济追求的是一种心理的愉悦与满足，具有无形性。

3. 追求人文关怀

体育旅游经济强调"以人为本"，满足人们的体育旅游需求，追求人文关怀是体育旅游经济的核心特征。

4. 促进资本的多元化

传统的经济行为以商品交换为目的，促进了物质资本的积累。现代社会中，除了物质资本、经济资本之外，还有社会资本、文化资本、人力资本等，它们同样可以作为个人的财富积累下来，对个人今后的发展发挥很大的作用。尤其是文化资本，它不仅能够整合其他资本，还可以把其他资本内化为文化、教育、修养、社会关系网络等，对个人的发展发挥持续的作用。因此，通过体育旅游活动，可以实现从以商品为中心向以人为中心的转变，实现资本的多元化。

（三）体育旅游经济的社会价值

在体育旅游快速发展的带动下，体育旅游经济也积极地促进了社会的发展，具体来说，可以从经济、文化和社会环境三个方面得到体现。

1. 经济价值

（1）增加外汇收入

在商品经济环境下，一个国家只有将相当数量的外汇牢牢掌握在手中，其对外经济合作才能顺利开展并不断扩大，其在国际市场上的购买力才会增加。

国家增加外汇收入的途径如图 2-5 所示。

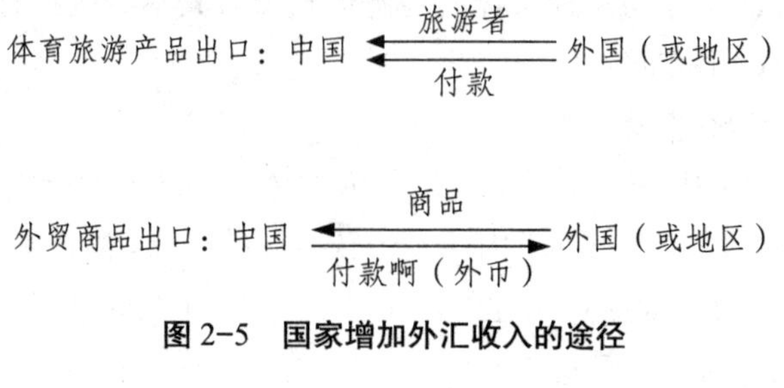

体育旅游产品出口：中国 ⇄ 外国（或地区）
（旅游者／付款）

外贸商品出口：中国 ⇄ 外国（或地区）
（商品／付款啊（外币））

图 2-5　国家增加外汇收入的途径

(2)调节货币流通与回笼

在旅游收入中,体育旅游收入占有一定比例。旅游消费可促使货币流通,促进国家回笼货币及对资金的积累。

(3)增加就业机会

就业对任何一个国家来说都是非常受重视的社会问题,这个问题直接影响国家的经济发展和综合国力的提升。就业关系着每个人的发展,居民的就业问题能否得到妥善解决、就业是否稳定等,一定程度上能够反映国家的经济发展水平及社会稳定性,因此,各国都积极通过各种有效渠道来带动就业,而发展体育旅游经济就是一个非常好的渠道。

体育旅游产业是劳动密集型产业,对相关行业的发展具有积极的影响与带动作用,而且随着相关行业的发展,对从业人员的数量有更高的需求,因此可以有效解决人们的就业问题。

2. 文化价值

(1)增进友谊

体育旅游活动也是一种社交活动,社交活动对促进人们之间的友好沟通与交往,增进友谊与营造和谐的社会氛围具有重要作用,体育旅游活动同样具有这方面的意义与作用。很多体育旅游活动都离不开参与者之间的相互协作。例如,在探险性体育旅游活动中,有的旅游者体质较差,途中可能发生患感冒等小问题,这时同行的人会照顾他;或者当旅游者因为自身安全防范意识差而不幸陷入困境时,单靠自己的力量很难脱身,这时就需要向他人求助,同行者也会伸出援助之手;等等。人与人在相互帮助的过程中对对方有更深入的了解,并给予对方更多的理解,从而建立良好的友谊,这对维护社会关系的稳定与和谐具有重要意义。来自不同国家的旅游者之间的相互帮助也有助于国家之间的友好往来,能够为世界和平做出贡献。

在体育旅游过程中,旅游者之间没有阶层高低之分,所有人都是平等的,都是以旅游者的角色参与活动的,这有助于减少社会偏见或分歧,甚至能够消除不同阶层之间的误解与非议,取而代之的是各阶层之间的相互理解、支持与合作,这是非常难得的。

(2)开阔眼界,提高生活质量

体育旅游经济在这方面的作用与意义具体从以下四个方面体现出来:

第一，人们将体育旅游作为一种生活追求，希望通过这种特殊的生活方式获得更美好的生活体验，享受更多的生活乐趣，并更加热爱生活。

第二，在人们参加体育旅游活动的过程中，会涉猎与学习很多方面的知识与技能，知识系统会得到进一步完善，视野也会变得较之前更开阔。

第三，体育旅游能够使人们的身体素质得到改善，使人们恢复体力、焕发神采，增强人们对工作、生活的兴趣和热情。

第四，体育运动能够磨炼人的意志，培养人的道德观念与体育精神，增强人的集体主义精神、团队协作意识及爱国主义精神。依托体育运动等体育旅游资源而开展起来的体育旅游活动同样能够起到这些作用，具有探险性质和需要集体配合才能完成的体育旅游活动在这方面所发挥的作用尤为明显。

（3）培养爱国情感、保护民族文化

体育旅游者离开常住地，到陌生的环境中了解各地的自然风光与风土人情，开阔眼界，对祖国的大好河山和民族文化会有更全面、深刻的了解，从而产生浓浓的爱国之情和为祖国做贡献的奉献之情。

体育旅游和社会文化之间存在着密切的关系，丰富的体育旅游文化资源使旅游者对社会文化与民族文化的了解不断深入，并在弘扬、传播与传承民族文化方面产生强烈的使命感，这对中华民族体育文化的传承与发展具有重要意义。

（4）促进体育技术交流

体育旅游在这方面的作用主要从以下两点中表现出来：第一，体育旅游者是来自社会各个阶层与行业的体育爱好者或旅游爱好者，其中就包括体育专家、体育学者、体育教练或其他体育专业人员，他们在旅游过程中有较高的专业需求，且能够从专业的角度对旅游活动或旅游资源做出评价，或针对问题提出改进建议，或与当地同行交流，或产生新的研究思路，这对于旅游地体育旅游的进一步发展具有重要意义。第二，各地为发展体育旅游，都在积极采用先进的科学技术来改造体育设施资源，完善场地设施功能，以满足体育旅游者更多、更高的需求，科技在体育旅游领域的运用能够推动体育旅游发展水平的进一步提升。

3. 社会环境价值

（1）保护自然资源

体育旅游资源中有大量的自然资源或在自然资源基础上开发的资源，这些资源为体育旅游的发展提供了良好的条件，发展体育旅游时必须保护好这些自然资源。

（2）对相关旅游设施数量的增加、质量的提高起到积极的推动作用

体育旅游包含的内容较多，因此，相关设施也比较多。体育旅游的发展，在一定程度上增加了目的地和旅游线路沿途的休闲、娱乐、康复设施，这也就促使体育运动器材和运动服装商店数量的不断增加。

（3）对道路、交通运输、邮电通信等基础设施的改善起到积极的促进作用

体育旅游在一个地区得到产业化发展之后，能够对当地交通设施的建设与不断完善起到积极的促进作用，从而有效地发展常规的基础设施。除此之外，线路上的汽修点、加油站、邮局和电信网络也会有所增加，提高服务能力和标准，从而为体育旅游者提供更多方便。

（4）使旅游地重视环境卫生

体育旅游对环境质量的最基本、最起码的要求，就是保证人体健康。这就要求旅游目的地的环境质量要比一般生活与生产地区的环境质量高一些。同时，还要促使旅游目的地采取必要的措施强化环境管理，提高环境质量，从而向体育旅游者提供满意的体验。

（5）维护历史建筑和古迹遗址

有些地区虽然有丰富的旅游资源，如古迹遗址、历史建筑等，但因为经济落后而没有足够的资金去维护这些资源，从而导致资源受损或流失。对这些地区来说，发展经济是首要任务。利用旅游资源开发旅游项目，发展旅游业，能够促进当地经济发展，而用旅游经济收入又能对这些旅游资源进行修整与维护，建立科学的循环机制，从而大大提高旅游资源的价值。

（6）体育旅游带来普通旅游的介入，扩大旅游目的地规模

作为普通旅游的一种类型，体育旅游发展到一定规模、具备较大的影响之后，与之相关的生态旅游、观光旅游等其他类型的旅游也会接踵而至。

二、体育旅游与城市发展的关系

体育旅游与城市发展的关系主要体现在体育旅游赛事、体育旅游活动等方面。体育旅游的发展对城市的发展具有重要的推动作用，这是毋庸置疑的。

（一）体育旅游赛事与城市发展

体育旅游赛事的举办对于城市形象的建立具有重要的作用，它能对城市起到良好的宣传作用，提高城市的社会影响力，对城市的基础设施建设和经济发展等都具有十分重要的作用，具体而言，主要体现在以下四个方面：

第一，体育旅游赛事的开展能推动城市基础设施建设，改善城市环境。

第二，体育旅游赛事的开展能帮助城市树立良好的品牌形象，提高社会公共服务的质量。

第三，体育旅游赛事的开展有助于政府提高自身的管理水平，为人民大众服务。

第四，体育旅游赛事能产生广泛的赛后效应，为体育旅游业的长远发展奠定良好的基础。

（二）体育旅游活动与城市发展

一般来说，体育旅游活动的举办对城市发展的影响主要体现在经济与社会文化两个方面。

1. 体育旅游活动对城市发展所产生的经济影响

第一，体育旅游活动的开展能促进城市经济的发展。

第二，体育旅游活动能吸引外来资金流入，促进国际收支平衡。

第三，体育旅游活动有助于政府财政税收的增加。

第四，体育旅游活动能有效地带动体育旅游相关行业的发展。

第五，体育旅游活动的开展能增加就业机会，维持社会稳定。

2. 体育旅游活动对城市发展所产生的社会文化影响

第一，体育旅游活动的开展能增进各国各族人民之间的友谊，增进彼此间的联系，维持社会稳定。

第二，体育旅游活动有助于培养人们强烈的爱国情感和民族情感。

第三，体育旅游活动的开展能宣扬和推广民族文化。

第四，体育旅游活动的开展有助于改善城市软环境，提高居民生活质量。

第五，体育旅游活动的开展有助于人们身心的发展，推动全民健身活动的开展。

三、体育旅游与社会休闲的关系

（一）社会休闲

1. 社会休闲的内容

在现代社会背景下，社会休闲活动的内容非常丰富，形式多样。总体来看，主要有以下几种活动内容：

（1）创造活动

创造活动，是指人们在空闲时间参加的木工、陶艺、园艺、绘画、书法、剪纸艺术等各种活动。

（2）搜集活动

搜集活动，主要是指人们在空闲时间搜集古物、邮票、名家签名、钱币、模型、标本、装饰品等。

（3）教育活动

教育活动，主要是指人们利用空闲时间进行动物研究、书籍研究、旅游、天文观测、创造发明研制、服装鞋帽设计等。

（4）竞争性运动和游戏

竞争性运动和游戏，主要是指人们在空闲时间进行体育竞赛，体育旅游，下象棋或国际象棋、围棋、跳棋等活动。

（5）非竞争性运动和游戏

非竞争性运动和游戏，主要是指人们利用空闲时间骑马、跳舞、演戏、划船、登山、徒步旅行等。

（6）观赏活动

观赏活动，主要是指人们利用空闲时间观看芭蕾舞、电影电视、歌剧戏剧或各种体育赛事等。

（7）社会团体活动

社会团体活动，主要是指人们在空闲时间进行野外露营、体育运动，参加唱咏组织、社团组织、交友联谊会、辩论会、学生联谊、合唱团、青年会、管弦乐队、社会志愿活动等。

2. 社会休闲的特点

目前，社会休闲活动得到了快速的发展，社会休闲活动的发展依赖于社会政治、经济、文化等各方面的发展。因此，研究当今休闲活动的发展，也能从另一个侧面反映出社会其他方面的发展态势。

（1）休闲时间长

随着现代科学技术的广泛应用，人们的工作效率得到了大大的提高，这样就使得人们有了更多自由支配的时间，因此，人们用于休闲活动的时间也逐渐增多。目前，有很多国家都实行了每周5天工作制，有的甚至是每周4天工作制，一些国家还进一步将每天8小时工作制缩短为每天7小时工作制，有些国家和企业启用了"带薪休假"或"轮换休假"等制度，这就大大缩短了人们的劳动时间，增加了休闲时间，为人们参加各种休闲活动提供了时间上的保障。

（2）休闲高消费化

随着人们生活水平的不断提高，人们的消费观念、消费结构和消费水平等都发生了很大程度的变化。越来越多的人愿意花钱买健康，健康投资成为一种社会潮流和趋势。在经济较为发达的社会中，中产阶级成为社会消费的主力。人们的消费结构由吃、穿、用，向休闲娱乐等方面发展，消费方式呈现出多元化的趋势。

（3）休闲大众化

追求愉悦是人类共同的本性，在现代社会背景下，人们追求自由的共同本性进一步显现出来。一般情况下，能够引起人们兴趣的休闲活动方式很快就能流传开来。

（4）休闲个性化

个性化是休闲活动发展的必然产物，也是现代人发展个性的过程。人们在参加休闲活动的过程中，充分展示自我、发展自我，使自己的个性得到发展，可以说这种消遣为人们潜能的激发提供了必要的条件。

（5）休闲多样化

休闲的多样化特点主要表现在两个方面：一方面是休闲活动的方式方法的多样化，人们可以根据自己的喜好自由地选择自己喜欢的娱乐项目；另一方面，人们在活动方式的选择上呈现出明显的个性化趋向，这使得人们的休闲活动结构出现很大的差异，表现出休闲多样化的特点。

（6）休闲商业化

现代社会是一个经济社会，在市场经济下，休闲产业化具有十分重要的经济意义。同时，休闲社会学家认为，休闲活动从某个角度来讲就是一种消费活动，这是由社会本身的经济化、商业化发展所表现和反映出来的一个特点。换言之，作为一种社会消费行为，在休闲活动中，人们为获得娱乐、放松、刺激或者其他感受，必须付出一定的代价才有可能满足自己的需求，这在现代社会中已是无可非议的发展趋向。

（二）体育旅游与社会休闲相关概念

1. 体育休闲旅游

体育旅游作为一种休闲旅游活动，它主要是将旅游资源和体育资源作为基础，通过各类休闲娱乐和体育文化交流活动等手段，达到促进旅游者身心和谐发展的主要目的。根据旅游资源的基本特征，可将体育休闲旅游分为两种类型：一是以室内身体活动为内容的体育休闲旅游；二是与自然资源结合的体育休闲旅游。

体育休闲旅游是将休闲体育作为一种主要手段，促进旅游者身心发展的旅游活动；体育休闲旅游是旅游者以观赏和参与体育活动为目的，使人在自然与文化的融合中观察、体验和感受异地自然风光或异地文化，满足自己的健身与娱乐需求的活动；体育休闲旅游是人们离开常住地，以积极的身心活动为主要内容，以促进身心调节、达到自我愉悦需要的一种活动形式，这也是休闲旅游中最重要的形式之一。人们在参加体育休闲旅游的过程中，能得到充分的放松，丰富自己的精神文化生活。

2. 体育旅游休闲

发展到现在，体育旅游活动已成为现代社会中人们的主要休闲方式之一。近年来"体育娱乐热"和"体育旅游热"的出现，标志着与体育相关的休闲活动已进入一个高速发展期，影响力越来越大。随着现代休闲社会时代的临近，体育旅游休闲必将在其中扮演重要的角色，并发挥推波助澜的作用，随着现代社会的快速发展、科学技术的进步，以及人们生活水平的不断提高，将会有越来越多的人选择体育旅游休闲活动来充实空闲时间，以此来满足自身精神文化生活的需求。

体育旅游休闲是体育旅游资源与休闲资源的有机结合，是体育旅游产业与休闲娱乐产业的结合，也是体育旅游文化和休闲文化的结合。体育旅游休闲最主要的特点就是其是体育旅游资源、产业、文化与休闲结合的复合体，其中，体育旅游者的休闲娱乐行为被重点强调，换句话说，就是在体育旅游的过程中注重旅游者自由自在的休闲娱乐过程，以消除其身心的疲惫。

3. 休闲体育旅游

休闲体育旅游作为旅游的一个重要类型，是一种新兴产业，其本质也与现代人体验的内在规律性相符合。休闲体育旅游将成为我国旅游经济快速发展的重要推动力之一。人们通过休闲体育旅游，能够达到回归自然、亲近自然、释放自我、张扬个性的目的，从而有助于逐步实现休闲体育旅游经济发展的重要战略目标。

所谓休闲体育旅游就是指在空闲时间里，人们离开常住地，以休闲体育活动作为主要内容，以获得身心体验为目的的一种社会旅游活动，其宗旨是将体育旅游市场细化。

（三）体育旅游与社会休闲活动的互动关系

1. 体育旅游丰富社会休闲活动，促进居民生活质量提升

体育旅游不仅可以使休闲活动的内容得以丰富，还可以促进地方经济更好、更快地发展。同时，体育旅游在使旅游自然资源的优势得以充分发挥的同时，还能够使旅游人文资源不断地丰富。体育旅游能满足居民身心发展需求，帮助居民度过空闲时间、提升生活质量。

2. 社会休闲促进体育旅游发展，并为体育旅游活动的开展奠定基础

社会休闲活动的经济效益，城市化进程和产业结构变化为体育旅游的发展创造了条件；居民生活水平的提高以及健康观念和休闲方式的转变为体育旅游的发展提供了可能；社会休闲文化的形成对居民的体育旅游产生了积极影响；社会休闲产业的兴起与发展为体育旅游提供了相应的物质基础。

总的来说，休闲既是一种生活方式，也是一种生命状态，它是人们亘古不变的话题。人类的休闲活动具有非常悠久的历史，并且随着现代社会的不断发展与进步进入了新的时期。如今，人们的休闲活动已经非常丰富，并且与体育、

旅游以及体育旅游等建立起了密切的联系。

四、体育旅游与文化体验的关系

（一）旅游文化体验及其特征

1. 旅游文化体验

"旅游文化体验"实际上是指旅游者在参与旅游活动的过程中所形成的一种主观感受。这一感受突出体现在旅游地的文化方面。可以说，旅游地的文化内涵是否丰富将对旅游者的旅游体验产生重要的影响，丰富的文化内涵既可以通过引起人们的心理共鸣来满足人们原始、质朴的情感诉求，又可以通过创造新概念、新形象为旅游者提供独特的精神享受。文化是旅游体验的主要载体，或者说是旅游体验得以实现的主要途径，旅游者心甘情愿为文化付费。旅游文化体验其实是在旅游活动中运用文化造势来引起旅游者的情感共鸣，使旅游者获得精神上的满足。

2. 旅游文化体验的特征

（1）文化性

从本质上来讲，旅游实际上是一种社会文化活动，它是旅游者、旅游经营者、旅游目的地居民所共同创造出来的观念形态及其外在表现的总和。旅游者参加旅游活动的主要目的是追求情感的满足和精神的愉悦，因此旅游地的商品、服务的设计都离不开丰富的文化活动。首先，旅游资源具有丰富的文化内涵，旅游地的各种旅游资源相互整合共同构成旅游目的地文化的一部分；其次，旅游商品经过一定的文化包装后，更加凸显了自身的特色；最后，旅游服务步骤经过了严格的文化设计后，会满足不同旅游者的文化习惯。旅游者在参加旅游活动的过程中能通过旅游地的旅游服务体验文化所带来的一切感官享受，满足自己的精神文化需求。

（2）真实性

真实性是旅游文化具有吸引力的根源所在。旅游者渴望了解旅游地的本真文化，但旅游目的地居民并不一定愿意将后台开放，一是因为他们不愿意将自己的隐私公开，二是因为他们担心旅游者在了解到旅游目的地的本真文化后会大失所望，所以旅游目的地居民会对自身文化进行改造、包装，使其更符合旅游者的价值观，这种经过精心设计改进的文化有时比"真实"显得还要真实，旅游者也会将其当作真实体验而欣然接受。

（3）参与性

旅游是一个亲身参与、亲身体验的过程，只有亲身参与其中才能获得真实的心理体验和感受。传统旅游以观光为主，旅游者走马观花式地参观自然和人文景观，这只属于表层体验。随着内心需求的成熟，人们已不再满足于表层体验，而是期望近距离、直接地参与到旅游当中，更多地与旅游地居民进行文化交流，获得深层次的文化体验。旅游文化体验就是一种深层体验，在这一过程中不仅强调参与，还要求人们发挥主观能动性和创造性。旅游者参与到旅游活动与事件中，融入旅游地氛围，了解旅游地文化，形成一个主动学习的过程，不断探寻，积极思索，形成互动，从而获得独特的感受，甚至超越自我，在实现自我价值的过程中创造出意外的成就和快乐。总之，旅游者只有不断地置身于高参与的情境之下，才会感受到丰富的文化内涵，获得愉悦的心理体验。

（4）差异性

受主客观各因素的影响，相同的旅游地或旅游活动，会使旅游者获得不同的心理体验。因此，旅游文化体验表象差异背后所隐藏的其实是指导看法和行为的价值观取向的差异。当旅游者的体力、智力等达到某一特定水平时，当旅游者的所见所闻与兴趣爱好相符合时，旅游者就会产生积极的情感反应，这种心理体验会长久留存于旅游者的记忆之中，促使旅游者想再现这种心理体验。相反，当旅游者的所见所闻与个人价值观不相符时，就会对旅游地的旅游体验产生逆反情绪，不想再继续体验。

（5）主观性

主观性是指旅游者在参加旅游活动的过程中所获得的主体的心理状态。旅游文化体验的结果是旅游者获得强烈的内心感受，这种内心感受带有浓重的主观色彩。由于旅游者主观认识的不同，其内在产生的体验程度的深浅也就不同。他们以自我为中心的内在信息和运动特征为根本出发点去看待人和事。一方面，旅游者只接受符合自己需求的事物；另一方面，他们又必然排斥不符合自己需求的事物。旅游者总是对旅游地充满好奇，在旅游过程中，他们会通过不断的调整与适应去接受新的人和事，使那些原本与自己价值观相悖的文化获得自身认可，实现与旅游地社会的融合，感受到旅游的价值和意义，这样旅游者才能获得愉悦的心理体验，才能产生想再次体验这一旅游活动的冲动和情感。

（二）体育旅游中的文化内涵

1. 体育旅游主体文化

体育旅游主体文化是指体育旅游者在参加各种各样的体育旅游活动的过程中所表现出来的各种文化现象的总和，主要包括体育旅游者的思想信仰、文化素质、消费习惯、审美观念等几个方面，可以说体育旅游主体文化在很大程度上代表了客源地的文化形态。体育旅游主体文化也就是体育旅游者离开惯常居住地，在寻求精神愉悦和心理满足的过程中所表现出来的各种文化特性。在这个过程中，体育旅游者是主动、有意识地去寻求精神状态的改变，他们离开紧张的工作和生活，通过参与体育旅游活动使精神得以放松，通过融入新的文化氛围使心情得到调节。

体育旅游主体文化也可以被理解为一种消费文化，不同的主体所表现出来的行为是不同的。比如，青年群体多以学生为主，他们的文化程度较高，经济收入较低，对产品价格较为敏感，但空闲时间较多。他们性格开朗、兴趣广泛、乐于挑战，喜欢追求新奇、刺激、冒险的活动。他们不愿意随大溜，喜欢与不同文化背景的人接触，所以在外出时往往倾向于选择那些地处偏远、与自身文化差异大的体育旅游目的地。老年群体空闲时间较为充裕，经济收入也较为稳定，但是对价格却比较敏感。他们性格谨慎、好轻松安逸，也不喜欢主动与陌生人交往。由于受传统观念和身体状况的限制，他们倾向于选择与自己常住地距离较近、比较熟悉的地方，那些开发程度较为成熟的、不具挑战性的传统体育旅游目的地是他们的首选。中年群体有一定的经济实力，对价格也不是太敏感，但空闲时间较少。他们思想较为成熟、理性，行为表现常介于青年群体和老年群体之间。他们注重文化品质和情感需求，所选择的体育旅游目的地往往与自己的兴趣爱好相符。

值得注意的是，体育旅游者不只是文化的接受者，也是文化的传播者和创造者。体育旅游者在参加体育旅游活动的同时，无形中也会将自身文化传播到体育旅游目的地。同时，体育旅游者通过摄影、购买纪念品等手段将体育旅游目的地的文化反馈到客源地，使两地形成了一定的互动与交流。

2. 体育旅游客体文化

一般来说，体育旅游客体主要指体育旅游资源，体育旅游客体文化是指为了吸引体育旅游者，各种体育旅游资源表现出的文化内涵与价值。体育旅游目的地为体育旅游者提供了丰富的产品，包括体育旅游景观、体育旅游事件、体育旅游活动项目、体育旅游纪念品等，为了满足体育旅游者的需求，许多地方在本土文化结合外来文化的基础上，不断挖掘、组织、开发体育旅游资源，使其变得更具有审美价值和人文精神，使本土文化的内涵能够更好地体现出来。体育旅游者通过体育旅游目的地提供的这些文化载体，能够充分了解体育旅游目的地的价值观念和行为方式等。体育旅游目的地在影响外来文化的同时，也接收着外来文化的理念，彼此之间融合发展。

总体而言，体育旅游客体文化主要分为自然文化和人文文化两种类型。体育旅游活动的开展离不开自然环境，自然文化的物质层面是体育旅游者对自然环境的认识，自然文化的精神层面是体育旅游者对自然的观念、信念、心态等。例如，山岳是开展攀岩、登山、探洞等体育旅游活动的主要场地。在传统文化中，人类各种意义的实践活动赋予了山岳自然物质意义以外的诸多含义，具有一定的象征性，山岳在人们的观念中常被视为人文符号，它是祭祀、题刻、立碑、建寺、游记等所形成的一种文化集合。水对于生命则有重要意义，人类文明的起源大多都在大河流域。水是大自然的活跃因素，漂流、冲浪、潜水、溯溪等各项体育旅游活动的开展都离不开水资源。我国地域辽阔，水系众多，因而形成了具有不同内涵的湖泊文化、江河文化和海滨文化。动植物同人类一样具有生命，并且有其独特的文化属性。可以说，人类在长期的发展过程中，与各种生物相互依存，共同发展。

人文文化的价值在于追求艺术、重视文学、崇尚真实、尊重历史。人文文化主要包括建筑、饮食、文学和艺术等几个方面。以宫殿、庙宇、民居、陵墓等为代表的中国古代建筑，以木结构为主，有明显的中轴线，注重与自然的和谐，传承了中国传统思想精髓，具有欣赏价值和科考价值。中国的饮食文化注重美感、养生与合乎礼仪，酒文化、茶文化等无疑体现出中国的饮食文化是一份厚重的历史遗产。中国的文学和艺术丰富多彩，具有深刻的思想内涵，它们带给人们的不仅仅是美的享受，也有精神的激励。文学、艺术与体育旅游资源的天然契合，不仅体现出文学、艺术本身就是一种珍贵资源，而且它们还可以提升体育旅游资源的价值，并派生出新的体育旅游资源。

3. 体育旅游中介文化

体育旅游中介是指帮助主体和客体顺利完成体育旅游活动的中介组织，主要包括体育旅游服务企业、行政部门、行业协会、培训机构等。体育旅游中介文化是这些企业与部门在长期活动过程中所形成的共同的价值取向、行业精神、行为准则等的总和。体育旅游中介文化在发展的过程中既影响主体文化，也影响客体文化。一方面，体育旅游中介帮助目的地进行形象宣传，通过挖掘体育旅游资源的独特性，解读客体文化，然后进行包装、组合、推广，使客体文化的核心价值和魅力得到充分的展现，被社会大众所认可；另一方面，为了使体育旅游者产生出行动机，体育旅游中介会按照主体文化模式与习惯对客体文化进行翻译，在客源地充分宣传，编造各种美好的"童话"，引起体育旅游者的关注与兴趣，同时帮助体育旅游者转移到体育旅游目的地，帮助他们顺利、有序地完成体育旅游活动。总之，体育旅游中介文化对于体育旅游地而言具有非常重要的作用，它构建了体育旅游者与体育旅游地之间的桥梁，保证体育旅游活动的顺利开展。

（三）体育旅游者的文化体验

1. 体育旅游者的文化动机

动机是激发人们产生某种行为的内在驱动力，人们参加各种各样的体育旅游活动也是有一定的动机和原因的。体育旅游者的文化动机是指体育旅游者想要满足特定的文化需要而形成的思维途径，也是激发其参与体育旅游活动的念头。体育旅游文化动机解释了体育旅游者为什么参加、到何地参加体育旅游活动，揭示了体育旅游者参加体育旅游活动的心理状态。

体育旅游者都有文化寻根的目的，他们希望在精神上有所归属，情感上有所寄托，与他人产生良好的联系，也就是说，社交需求与体育旅游者的文化动机存在一定联系。满足受尊重的需求也会促使体育旅游者外出。一方面，体育旅游者参加旅游活动能接触到更多的异地文化，丰富自己的阅历；另一方面，体育旅游者可能会享受到当地人特别的尊重。除此之外，体育旅游者参加蹦极、徒手攀岩、高山滑雪等活动时，能充分发挥自己的潜能，这实际上是一种追求自我价值实现的举措，会受到别人的尊重。例如，攀登珠穆朗玛峰，不仅是人们对自然的挑战与征服，也是对文化信念的追求与探寻。因此，体育旅游者的文化动机也可能是源于满足自我的需求。

在体育旅游中，体育旅游者的文化动机一般情况下多是较高层次的心理需求，通常包括以下几个方面：

（1）增长知识方面的动机

体育旅游者在参加体育旅游活动的过程中，能够与外界产生亲密的接触，亲身感知与了解世界，增长各方面的知识，提高综合能力与文化修养。他们通过学习和接受新事物，进一步激发求知欲望，从而不断地升华自己的思想，完善整个生命历程。

（2）提高审美能力方面的动机

体育旅游实际上也是一种审美活动。体育旅游者在参加旅游活动的过程中能产生美的感受，使自身的审美需求得到充分的满足。通常来说，美好的事物总是以其赏心悦目的形象，刺激着人的感官，唤起令人愉悦的审美情感，推动着审美过程的发展和深化。审美情感又通过强化感知、激励想象、升华感受，大大提高了审美质量。体育旅游者在参与旅游活动的过程中，能做出正确的审美判断，形成良好的审美形象，从而提高自己的审美能力。

（3）满足好奇心方面的动机

人们对于一些自己没有见过的新鲜事物都有亲身接触的冲动，因此，满足好奇心也是体育旅游者的一个文化动机。体育旅游者来到异地他乡，了解那里的自然风光、风土人情、传统习俗等，会从当地文化中获得愉悦的心理体验，满足自己的好奇心。

（4）逃避惯常环境方面的动机

在现代社会背景下，人们的生活节奏不断发生变化，这使人的身心压力增大，很多人感到紧张与疲倦。为了缓解工作压力，放松身心，人们需要适时更换环境，体育旅游便是一种行之有效的方式。通过各种体育旅游活动，人们可以获得感官上的刺激，缓解紧张与压力，使自己的身体和精神都能得到放松。

2. 体育旅游者的文化体验类型

（1）娱乐消遣型

一般情况下，体育旅游者大都是通过参与各种娱乐活动来缓解自己的压力，从而获得精神上的放松和愉悦的心理体验。这些娱乐活动主要包括游览名胜古迹、观看节目表演、参与竞赛活动等内容，体育旅游者在参与这些娱乐活动的过程中能放松身心，获得精神上的享受。

（2）教育求知型

各个旅游目的地都有丰富的文化，体育旅游者在亲身参与体验的过程中会对这些文化产生深刻的印象，这能充分满足体育旅游者学习的需求。该类旅游者在好奇心的驱使下，往往会选择一些具有历史意义或者地方特色的地点参加活动，他们更注重发现和探索异地的文化、历史和风俗习惯等，以此来增长自己的见识，提高自己的文化水平。对于这一部分旅游者而言，如果旅游地的体育旅游产品文化含量较低，没有一定的文化特色，他们通常不会考虑这个旅游地。

（3）寻求自我挑战型

一般来说，洞穴探险、穿越雨林、攀登高山等都是寻求自我挑战型体育旅游者最爱的项目，他们追求刺激、喜欢冒险，需要强烈的刺激来唤醒休眠的身体细胞，通过不断挑战自我，最大限度地发挥自己的潜能，追求在超越心理障碍时的成就感和舒畅感。这一部分体育旅游者的理解能力通常比较强，他们能够克服文化交流中的各种障碍，从而很好地理解旅游地的文化内涵，在参与活动的过程中感受当地的特色文化，升华自己的价值。

（4）怀旧型

与一般旅游者不同，怀旧型体育旅游者实际上是在找寻一种熟悉感和认同感。在现代社会背景下，受现代文明的冲击，传统文化逐渐被边缘化，使深受传统文化熏陶的一代人逐渐迷失了方向。但是人们过去的经历总会在脑海里形成记忆，如果多年后这种记忆被现实生活中的一些载体唤醒，就会勾起人们对过往经历的怀念，并使他们想要重温过去，寻找心理寄托，当这种情感化、想象化的怀旧文化浸入他们的内心时，他们怀旧的愿望就会变得越发强烈。怀旧型体育旅游的历史感与现实感并存，真实与虚构并存，通过体验过去的历史文化，体育旅游者能产生各种遐想和独特的心理感受。

3. 体育旅游者的文化体验影响因素

一般情况下，面对同一个旅游产品，不同的体育旅游者却能产生不同的心理感受，这是因为他们在文化体验的层次上和深度上或多或少存在着一定的差别，正视这些差异也是体育旅游文化体验深入发展的一个必要过程。体育旅游者的文化体验主要受客观和主观两个方面因素的影响，这才导致体育旅游者文化体验效果各异的情况出现。

（1）客观影响因素

一是体育旅游目的地的政治、经济条件。人们生活在社会环境之中，其内心活动、行为方式等必然要受到外界环境的影响，这是不可避免的。体育旅游者在参与旅游活动的过程中，各种各样的外界因素都会在一定程度上影响体育旅游者的文化体验质量。同其他旅游者一样，体育旅游者往往也有追求安全、舒适的心理，因此社会环境安定、政治观点相近的国家更容易受到体育旅游者的青睐。总之，只有外界环境因素得到充分保证，体育旅游者才能获得踏实的心理感受，才能放心地参加各种旅游活动。

二是体育旅游目的地的设施条件。一般来说，体育旅游目的地的基础设施条件影响着体育旅游活动的发展和影响力。通常情况下，体育旅游目的地基础设施的设计不仅要满足当地居民的生活需求，同时还要满足体育旅游者的各种需求。总之，体育旅游目的地基础设施的数量和质量，直接影响着体育旅游者的体验质量，而配套设施则体现出体育旅游目的地的接待水平。

三是体育旅游目的地的可进入性。可进入性指走进体育旅游目的地的难易程度和时效程度。由于体育旅游活动项目具有一定的特殊性，活动开展之处多是一些自然风景优美、文化独特之处，这些地方往往也是交通不发达的地方。对于体育旅游者而言，他们都非常注重效率，因此交通设施完善、时间成本更低的体育旅游地往往对体育旅游者的吸引力更大。

（2）主观影响因素

一是体育旅游者的支付能力。一般来说，体育旅游者的收入水平、经济能力直接影响他们对于体育旅游目的地的选择。体育旅游者的可自由支配收入水平是关系到体验质量的重要经济因素。经过很长一段时间的发展，我国经济水平得到了迅速的发展和提高，人们的生活质量大大提高，这为人们参加各种各样的体育旅游活动奠定了良好的物质基础，因此，体育旅游者在进行文化消费时，其经济能力与购买能力越强，选择体育旅游活动的机会就越多。

二是体育旅游者的空闲时间。人们只有在空闲时间里，才有可能参加体育旅游活动，但也并不是所有的空闲时间都可以参加体育旅游活动。一般来说，空闲时间按时间的长短可分为三大类，其利用情况如下所述：

第一，每日工作之后的空闲时间。这部分空闲时间很零散，虽可用于娱乐和休息，却不能用于体育旅游。

第二，周末。周末假日一般为两天，可以进行一些当日往返的短程体育旅游。

第三，公共假日。包括国庆、春节大长假，清明、五一、中秋、端午、元旦等小长假，这些时间是体育旅游者的集中出行时间，特别是利用大长假，体育旅游者可以进行一些长途旅行。

三是体育旅游者的性别、年龄。由于男性与女性具有不同的生理特点，因此，他们在参与体育旅游活动时会表现出一定的差异。总体而言，男性往往比女性更加积极和主动，他们更喜欢富有挑战性的体育旅游项目，而女性则更喜欢情感细腻、具有丰富文化内涵的体育旅游项目，这是二者最大的不同之处。

体育旅游者受年龄差别的影响，在获得体验方面的主动性、积极性上也存在着较大的差别。一般来说，青年体育旅游者猎奇心理和求知欲望比较重，接受数量繁多的体验感受时往往游刃有余，而年纪较大的体育旅游者则不喜欢运动量大的体育旅游活动，因此在接受大量的体验感受时就会遇到阻力。

四是体育旅游者的文化水平与受教育程度。人们参加体育旅游活动，必须具备一定的文化素养，否则就无法感受文化的魅力，形成良好的心理体验。体育旅游活动亦是一种精神消费，一般而言，受教育程度越高，对体育旅游体验的深度感和层次感就越强烈。而文化程度较高的体育旅游者，更喜欢变幻的环境，更喜欢接受挑战，因此他们喜欢文化内涵丰富的体育旅游活动。

五是体育旅游者的个人气质因素。在心理学上，将人的气质类型分为四种，即多血质、胆汁质、抑郁质和黏液质。多血质人群的特点是快、活、变，他们普遍头脑灵活，应变能力强，具有很强的可塑性；胆汁质人群的特点是直、急、猛，他们同样非常外向、灵活，应变能力也很强，但情感变化很快；抑郁质人群的特点是细、慢、愁，他们很内向，反应缓慢，有时显得刻板，但是他们的内心世界比较丰富，感情很强烈；黏液质人群的特点是稳、实、专，他们做事比较稳重，耐心细致。一般来说，具有不同气质性格的人群参加体育旅游活动的感悟能力是不同的，因此面对同样的体育旅游活动，不同气质的人会获得不同的心理体验和感受。

第三章 体育旅游资源的内涵、分类、评价

体育旅游资源这一概念在我国是随着现代旅游活动的发展而出现的。从资源学的角度来看，旅游资源是资源的一种；从旅游学的理论角度来看，旅游资源是旅游活动的客体，是旅游业赖以存在的基础。

第一节 体育旅游资源的含义与特征

没有旅游资源就没有旅游业，但目前学术界对旅游资源尚未形成统一的定义，看法也存在分歧。因此，为了更好地界定体育旅游资源，我们首先对旅游资源的内涵进行分析。

一、旅游资源的含义

西方一般把旅游资源统称为旅游吸引物（Tourist attraction），指旅游地吸引旅游者的所有因素的总和，包括相应的接待服务。中国则将旅游资源定义为

在自然界和人类社会中，所有能对旅游者产生吸引力，可以为旅游业开发所利用，并可产生经济效益、社会效益和环境效益的事物。不同的专家学者从不同的角度对旅游资源的描述也是仁者见仁、智者见智的。

常见的旅游资源有下列几种表述：① 凡是足以构成吸引旅游者的自然和社会因素被统称为旅游资源。② 旅游资源就是吸引人们前来游览、娱乐的各种事物的原材料。这些原材料可以是物质的，也可以是非物质的，它们本身不是游览物和吸引物，必须经过开发才能成为有吸引力的事物。③ 凡是能够吸引旅游者进行各种旅游活动的自然和社会因素及其产物都可被称为旅游资源。④ 凡是能够造就对旅游者具有吸引力环境的自然因素、社会因素或任何其他因素，都可构成旅游资源。⑤ 自然界和人类社会中凡是能对旅游者产生吸引力，可以为旅游业所开发利用，并可产生经济效益、社会效益和环境效益的各种事物和因素，都可被视为旅游资源。⑥ 旅游资源是指对旅游者具有吸引力的自然存在的历史文化遗产，以及直接用于旅游目的的人工创造物。⑦ 旅游资源是指在自然界或人类社会中凡是能对旅游者产生吸引力，有可能被用来规划开发成旅游消费对象的各种事物（因素）的总和。⑧ 旅游资源是指经过人们开发，并在特定的时空范围内被利用，对旅游者具有吸引力的自然界和人类社会的客观存在。⑨ 旅游资源是指客观存在于一定地域空间，并因其所具有的审美和愉悦价值而使旅游者为之向往的自然存在的历史文化遗产或社会现象。

上述对旅游资源的各种定义，虽然存在着视角、侧重点的不同，但都是围绕着现代旅游活动的三大基本要素展开的，阐明了旅游资源定义的三个基本点，即旅游资源具有现代旅游活动客体的基本属性，具有吸引功能，利用它能产生经济、社会和生态效益。

二、体育旅游资源的含义

体育旅游资源是旅游资源中的一个大类，科学地界定体育旅游资源是开发体育旅游资源的前提条件。目前国内对其含义的界定主要有以下几种：① 体育旅游资源是一切为人们开展体育和健身活动所提供的身体活动场所、项目和物质环境。② 体育旅游资源是指在自然界或人类社会中凡是能对体育旅游者产生吸引力，并能进行体育旅游活动，为旅游业所利用且能产生经济、社会、生态效益的客体。③从广义上讲,体育旅游资源是在自然界或人类社会中凡能对体育旅游者产生经济、社会、生态效益的各种事物与因素的总和;从狭义上讲,体育旅游资源是指体育旅游的客体,即体育旅游的吸引物和景点景区。④体育旅游资源是可供开发体育旅游产品的旅游资源,包括一切具有旅游吸引潜力的体育事物(含人物)和体育现象。⑤体育旅游资源是指在自然界或人类社会中凡能对体育旅游者产生吸引力,诱使人们做出体育旅游行为,并能为旅游业所利用而产生经济、社会、生态效益的诸事物的总称。

综上所述,体育旅游资源是指在自然界或人类社会中凡能对体育旅游者产生吸引力,并能进行体育旅游活动,为旅游业所利用而产生经济、社会、环境效益的各种事物与因素的总和。

三、体育旅游资源的特征

体育旅游资源是旅游资源的一部分,也是地理环境的一部分,它的特征反映了地理环境的特点,但又不等同于地理环境。根据旅游资源的特征和体育旅游的特点,体育旅游资源具有如下特征:

(一)美学性

体育旅游是人类高层次的文化活动和审美实践活动。体育旅游者参与旅游活动,在雄伟、险要、奇特、秀美、幽深、开阔的体育旅游资源环境中,体验丰富多彩的民俗活动或观看高水平的运动竞赛。

(二)多样性

体育旅游者来自不同国家、民族和地区,有着性别、年龄、职业和文化程度的差异,在同一类人群中还有兴趣、爱好、需求不同的情形,这就要求体育旅游资源要具有多样性和广泛性。换言之,体育旅游资源是自然、民族和文化的精华,在体育旅游产业的开发中均可把其美学特征和文化内涵转化为体育旅游资源。

（三）地域性

地理环境受地理分布规律制约，形成区域、民族的差异。作为地理环境一部分的体育旅游资源，也呈现出地域差异性和地方特色。

（四）稀缺性

体育旅游资源是自然界的造化，是人类历史文化精髓的物化形态，尤其是民俗型体育旅游资源在数量上具有稀缺性和有限性。

（五）季节性

体育旅游资源的季节性主要体现在，只有在特定的季节人们才能开展某项体育旅游活动，例如，只有在冬季游客才能参加滑雪旅游，在春天游客才能去踏青旅游，在夏季游客才能游泳、潜水等。

（六）萌生性

萌生性是指体育旅游资源的自然人文景象和因素，在总体和性质上是不断萌生和变化发展的，具有再生性和变异性的特点，而且在地域上不具有垄断性，如现代体育文化、体育旅游吸引力、民族体育新风尚等。

第二节 体育旅游资源的分类

一、体育旅游资源的分类原则

分类的原则是分类的准绳、标准，只有遵循一定的原则才能保持分类的科学性和实用性。由于旅游资源的属性、特点不同，因而其分类的依据也就不同。按照不同的依据，又有不同的分类方法和分类系统。

旅游资源分类的原则主要有如下几个：① 对应性原则。所划分出的次一级类型内容，必须完全与上一级类型的内容相对应，不能出现下一级内容超出上一级或少于上一级内容的现象，否则就会出现逻辑上的错误。例如，对地质地貌旅游资源的进一步分类，应包括所有的地质地貌旅游资源，不能只包括地质旅游资源或地貌旅游资源，更不能包括非地质地貌旅游资源等。② 逐级划分的原则，即分级与分类相结合的原则。旅游资源是一个复杂的系统，它可以被分为不同级别、不同层次的亚系统。分类时，可以把分级与分类结合起来，逐级进行分类，避免越级划分的逻辑性错误。例如，可以把旅游资源先分为高一级的自然旅游资源与人文旅游资源，然后对其再分别进行次一级类型的划分，如果需要，还可再向下划分到更低一级类型。③ 可操作性原则。分类系统是在对旅游资源了解的基础上建立的，应简明扼要地反映出旅游资源的种类，在对具体的旅游资源进行细分时，应具有实用性和可操作性。

随着科技的进步、社会的发展，体育旅游资源的内涵也在不断地延伸，体育旅游资源的种类与数量越来越多。对体育旅游资源进行科学的分类，是认识与研究体育旅游资源的前提条件，同时为因地制宜地合理开发体育旅游资源提供了理论依据。

体育旅游资源的分类除了要遵循上述旅游资源分类的原则外，还应根据体育旅游资源的特征，把握以下分类原则：① 成因机理原则。体育旅游资源是自然形成的，经人与自然上千年的共同创造和保护才得以展现，因此，在体育旅游资源分类中要认真研究资源形成的原因及机理，揭示体育旅游资源的基本属性。② 主导因素原则。体育旅游资源的形成受众多因素的影响，其中一个是起主导作用的。认真研究体育旅游资源形成过程中的主导因素，并以此为标准进行分类，可以掌握体育旅游最主要的特征，为相应体育旅游产品的开发提供科学依据。③ 游憩价值原则。体育旅游资源在市场条件下，总是以一定的价值形态存在的。根据游憩价值原则进行分类，可以揭示体育旅游资源的价值。在对体育旅游资源的进一步分类中，可以根据其游憩价值分类，如根据其长短高低、难度大小、挑战险情、刺激强度确定其价值。④ 功能动机原则。按照体育旅游资源的功能来分类，可以研究资源的现实功能和潜在功能，并揭示其功能与满足旅游者动机之间的可能性，更好地开发体育旅游资源。

二、体育旅游资源分类方法

目前国内对体育旅游资源的划分还没有统一的标准。很多学者和专家所论述的体育旅游资源分类体系与《旅游资源分类、调查与评价》标准类似。1992年版《中国旅游资源普查规范（试行稿）》中，将旅游资源分为自然旅游资源和人文旅游资源两个大类，各分为3个小类，共包含74个基本类型。1997年版《中国旅游资源普查规范》将旅游资源分为3个景系、10个景类、95个景型。2018年7月1日实施的《旅游资源分类、调查与评价》国家标准，将旅游资源分为8个主类、23个亚类和110个基本类型。很多专家对体育旅游资源的分类也是从主类、亚类、基本类型三个层次进行的。

我们可从不同的角度对体育旅游资源进行分类，具体如下：

按照体育旅游资源的功能，可将体育旅游资源分为娱乐型体育旅游资源、观光型体育旅游资源、探险型体育旅游资源等。

按照体育旅游者的动机，可将体育旅游资源分为度假型体育旅游资源、休闲型体育旅游资源、观光型体育旅游资源、拓展型体育旅游资源等。

按照体育旅游资源的承载力，可将体育旅游资源分为脆弱型体育旅游资源、耐受型体育旅游资源、再生型体育旅游资源、不可再生型体育旅游资源等。

按照体育旅游资源的成因，可将体育旅游资源分为自然体育旅游资源、人工体育旅游资源、人文体育旅游资源等。

按照体育旅游的地理属性，可将体育旅游资源分为海滨型体育旅游资源、沙漠型体育旅游资源、森林型体育旅游资源、冰雪型体育旅游资源、山谷型体育旅游资源等。

按照体育旅游者的参与程度分类，可将体育旅游资源分为参与型体育旅游资源、观赏型体育旅游资源等。

上述分类方法，从不同的侧面揭示了体育旅游资源的基本属性和特征，但任何单一的分类方法，都难以全面揭示体育旅游资源的总体属性与特征。因而，应当研究实行综合分类，这是一个重要的研究课题。

第三节 体育旅游资源评价

一、体育旅游资源评价的意义及原则

（一）体育旅游资源评价的意义

旅游评价是在旅游综合调查的基础上，以资源为中心，对客源市场、区位条件、经济、社会、历史和文化等方面进行综合研究和科学论证。体育旅游资源评价也是如此，它包括对体育旅游资源的单项和综合评价，其主要意义如下：

首先，通过体育旅游资源评价，为新旅游区的开发建设提供科学依据，也为已开发的旅游区的发展、提高、改造、扩大规模和推出新产品提供依据；其次，通过对体育旅游资源的质量、数量、规模、分布和条件的鉴定，为国家和地区分级规划、管理提供准确的资料和判断标准；最后，通过综合评价，合理利用资源，发挥区位、区域优势，确定体育旅游区与体育旅游项目等工程的开发顺序。

（二）体育旅游资源评价的原则

基于上述基本观点，体育旅游资源评价应遵循以下原则：

1. 科学性原则

体育旅游资源评价不仅是资源质量的自然潜力评价，而且是从体育旅游资源开发利用的角度结合区域经济条件、区位条件等因素的综合评价。

2. 整体性原则

从资源开发的合理结构和相应的开发顺序的角度，强调经济、社会、环境三大目标效应的统一，准确地反映出旅游资源的整体价值，避免出现以偏概全、以点带面的误差，和以单一局部或某些侧面进行评价而得出错误的结果。

3. 层次性原则

体育旅游资源评价要综合分析各种因素，明确主次，突出重点。

4. 价值性原则

体育旅游资源的重要价值在于健身和游憩，注重评价体育旅游资源的健身、游憩价值，是对体育旅游资源特征的较好体现。

5. 动态性原则

体育旅游资源的动态性决定了体育旅游资源评价也要按照动态原则对同类体育旅游资源的开发价值进行可比较评价，为体育旅游项目的开发建设提供指导。

6. 客观真实原则

体育旅游资源的客观存在性在于其数量、品质、规模、历史和性质等一般都是确定的，不以评价者或开发者的主观意志而转移。因此在对体育旅游资源进行评价时，要保证评价的真实、客观，对体育旅游资源的各项价值、可开发程度、社会及经济效益都要根据客观的评价标准进行评价，确保评价结果的客观性、公正性。

二、体育旅游资源评价方法

（一）定性评价

定性评价主要是评价者凭借自己的直觉、经验，通过对评价对象平时的表现、现实和状态或文献资料的观察和分析，直接对评价对象做出定性结论的价值判断。定性评价强调观察、分析、归纳与描述。在体育旅游资源的评价过程中，定性评价更加关注体育旅游资源本身的独特性和开发保护过程。对体育旅游资源的优缺点，以及面临的问题等，做出具有实质性内容的评价。常用的定性评价方法具体如下：

1. 一般体验性评价方法

一般体验性评价方法是评价者根据自己的亲身体验对一个或一系列旅游资源的整体质量进行定性评价。该方法通常是通过对旅游者、管理人员或相关专家进行问卷调查，形成一个国家或地区最优旅游资源的评价序列。由于体育旅游相当关注旅游者的主观体验，因此一般体验性评价方法是体育旅游资源评价的主要评价方法之一。

2."三三六"评价方法

"三三六"评价方法是由我国现代地理学家卢云亭首先提出的,可以被概括为"三大价值评价""三大效益评价"和"六大条件评价"。其中,"三大价值"是指旅游资源的历史文化价值、艺术观赏价值和科学考察价值;"三大效益"是指经济效益、社会效益和环境效益;"六大条件"是指地理位置和交通条件、资源的地域组合条件、施工难易条件、市场投资能力条件、旅游客源市场条件、旅游容量条件。

（二）定量评价

定量评价是采用数理统计的方法,收集和处理数据资料,对评价对象做出定量结果的价值判断,对评价对象的特性用数值进行描述和判断。定量评价具有客观化、标准化、精确化、量化、简便化等鲜明的特征。该方法通常又可以被分为技术性单因子定量评价法和综合性多因子定量评价法。

技术性单因子定量评价方法是评价者在评价体育旅游资源时,集中对某些典型而又关键的因素进行评价,主要用在开展专项体育旅游资源开发、旅游活动开展或旅游环境保护等方面,如攀岩、高尔夫、游艇、自行车等。

综合性多因子定量评价法是在对体育旅游资源进行评价时考虑多个因子。例如,在进行体育旅游资源评价时将体育旅游资源的影响力、规模、价值、旅游条件作为评价因子,有层次、有目的地进行具体的评价。

总之,定性分析是定量分析的基本前提,没有定性的定量是一种盲目的、毫无价值的定量;定量分析使定性分析更加科学、准确,它可以促使定性分析得出广泛而深入的结论。在对体育旅游资源的评价过程中要充分运用定性与定量相结合的方法,构建资源的指标评价体系,对体育旅游资源做出科学合理的评价。

三、体育旅游资源的开发与保护

（一）体育旅游资源开发的重要性

体育旅游资源开发,是指以发展旅游业为前提,以市场需求为导向,发挥、改善和提高旅游资源对游客的吸引力,有组织、有计划地把旅游资源改造成能为旅游业所利用的旅游吸引物的经济技术系统活动。体育旅游资源的开发是指人们为了提高体育旅游资源的吸引力而进行的开拓和建设活动。这一概念有两层含义,一是改变体育旅游资源的可进入性,将尚未被利用的资源变成能为体育旅游者所用的资源;二是使已被部分利用的资源在其利用的广度和深度上得到加强。体育旅游资源开发的目的就是利用旅游资源为人类服务,即应将资源优势转化为产品优势,不能为了保护而将资源搁置起来。有效的保护不是有限的保护,有效的保护与合理的开发应互为因果,有效的保护与合理的开发可使资源发挥最大效能,使资源可利用的生命周期更长,甚至达到永续利用,同时合理的利用也可对资源起到保护作用。

体育旅游资源的开发一般分为单项开发与综合性开发。单项开发较少,一般为初期开发或特殊项目,如极限探险等个别体育旅游资源。由于体育旅游资源是与自然和人文旅游资源相互联系的,因此,开发基本是综合性开发。另外,在开发过程中还涉及整体布局、城市规划、交通、基础设施等。因此,体育旅游资源的开发并非局限于资源本身,还包括在选定基础上,为了开拓利用这些旅游资源而对与之有关的接待条件进行开发和建设,以便形成一个具有吸引力的旅游环境或接待空间。

（二）体育旅游资源开发的内容

1. 体育旅游景区的具体规划与设计

体育旅游资源的开发,一方面应考虑体育旅游资源的定向,即根据自然资源与人文资源的条件,选择所能开发的体育旅游项目;另一方面是考虑体育旅游者的定向,即所开发的项目适合哪类人群的需求。体育旅游不同于一般旅游,区别在于体育旅游活动具有参与性特征,因此,大众化体育旅游资源的开发就需要考虑一般体育旅游者的能力,难度太大、危险太高往往会使他们望而却步。本书主要涉及的是大众化体育旅游资源的开发内容。

2. 交通和通信设施的可进入性

体育旅游资源的不可移动性形成了体育旅游区与旅游市场之间的空间距离,这是影响体育旅游目的地可进入性的重要因素。因此,体育旅游资源开发首先要解决的就是建设和完善体育旅游区与旅游市场之间的交通、通信和网络等设施,这是旅游地与外界联系的先决条件。解决和提高旅游地的可进入程度,包括交通和通信基础设施建设、运营安排等。

3. 体育旅游设施

体育旅游设施建设是开展体育旅游活动的必备条件。它包括:①购置和自制开展体育旅游活动所需的设备与器材,如漂流所需的船只、皮艇、皮筏、竹筏等;滑雪运动所需的滑雪器材与工具等。②体育旅游活动的安全保障建设,检查线路的安全性,如漂流河段的水流变化情况与河床情况、水上救生衣及救护人员的配备,攀岩场地的岩石松动情况和安全保险设备等。③运动场所配套设施建设,如滑雪场上不同坡度与长度的滑道以及配套上山缆车等。

4. 培训提供专业的服务人员

旅游服务质量的高低,在一定程度上会起到增加或减少旅游资源吸引力的作用。因此,培养具有专业水平的服务人员非常重要。体育旅游的吸引力在于参与性、刺激性、挑战性,体育旅游者在参与体育旅游活动的过程中存在或多或少的心理障碍,他们需要有人帮助自己解疑,克服这些障碍,这就需要体育旅游服务人员的专业技术指导、安全保护服务、体育旅游景区讲解等。

(三)体育旅游资源的保护

1. 体育旅游资源保护的意义

体育旅游资源的两大要素为体育旅游的自然和人文资源,它们是大自然长期进化和人类历史长期积淀的宝贵财富。体育旅游活动的开展必须依赖于自然与人文资源,离开了这些资源,体育旅游将不复存在。因此,保护体育旅游资源不仅是保护旅游资源,同时也是保护体育旅游本身。千百年来,自然资源不仅给人类提供了生产条件,同时也在历史的长河中为我们留下了多种优美而奇异的景观。这些资源为体育旅游者提供了良好的体育旅游场所,并且给当地带来了一定的经济与社会效益,甚至成为当地的支柱产业。体育旅游资源在被人类开发利用时,如果不加以积极有效的保护,将直接威胁到体育旅游的发展与存在。

2. 体育旅游资源的保护措施

根据破坏体育旅游资源的因素,应从可持续发展和自然与人类共存的观念出发,对资源的保护采取以"防"为主、以"治"为辅、防治结合的原则。运用法律、行政、经济和技术等手段，加强对体育旅游资源的管理和保护。体育旅游活动由于多依附于自然旅游资源，它同一般旅游活动还有所区别，即并非单纯的观风望景，而是强调旅游者的参与性，是以体育活动的形式直接"游山玩水"。因此，体育旅游活动对资源的破坏从某种意义上讲可能会更加严重，故管理和保护体育旅游资源的责任就更重大。

（1）加强区域旅游规划工作

在开发体育旅游资源之前，首先要做好细致的可行性研究，对当地情况做深入的调查。例如，如何管理和保护并且避免或减少体育旅游活动对自然资源的破坏，体育旅游活动项目与整个景区的景观是否协调一致。其次，对当地现有的水陆交通工具、运输量、宾馆、饭店、水电供应、通信、周边游览网点、项目可进入性和项目吸引力等方面进行分析和预测，考虑制定各种相应的措施。最后，科学地确定体育旅游容量，尽可能把体育旅游对资源的影响降到最低。

（2）杜绝人为破坏

提高体育旅游资源保护意识，加强相关知识的宣传教育，提高全民素质。这对于开发和建设的决策者、旅游业的经营者，或者普通的旅游者与当地居民都非常重要。只有大众认识到体育旅游资源的重要性，意识到这是千百万年自然造化与人类文化遗产的精髓，了解人类生存与自然的关系，才能从根本上做到对体育旅游资源的保护。

（3）大力加强对旅游资源保护的研究和人才培养

保护好旅游资源不能局限于口头上，而是要落实到具体的行动中。怎样保护，采取什么方法与措施，都应建立在科学管理的基础上。由于体育旅游资源类型多、分布广，引起破坏的因素多，涉及的技术复杂，因而对其保护的研究任务也就非常重要，特别是体育旅游活动直接作用于自然资源的破坏性研究，是一项重要的科研课题，因此，相关行政部门及企业应该加强对体育旅游资源保护领域的学术研究，大力培养该领域的专业人才。

第四章　体育旅游市场的开发、规划和营销

第一节　体育旅游市场概述

市场是生产力发展到一定阶段的产物，是商品生产和商品交换过程中产生、形成的商品和劳务买卖的场所，以及商品和劳务交换所联结起来的人与人之间各种经济关系的总和。市场有狭义和广义之分。狭义的市场是指在一定的时间和一定的地点进行商品交换的场所或领域；广义的市场不仅指商品交换的场所，而且指通过商品交换和流通所反映出来的各种经济现象，以及由其联结起来的人与人之间的经济关系。

一、体育旅游市场的构成及功能

体育旅游市场是商品市场中的一个种类，是社会分工进一步深化、商品生产发展到一定阶段的产物，是体育旅游产品供求双方交换关系的总和。体育旅游市场是指体育旅游产品供给者与体育旅游消费者进行产品交换的场所，以及在交换过程中出现的各种经济现象和经济关系。

（一）体育旅游市场的构成

从经济学的角度看，体育旅游市场由三要素构成。

1. 市场主体

体育旅游市场的主体是指参与体育旅游产品交换的买卖双方，即体育旅游产品的生产者及消费者。体育旅游的生产者是指生产体育旅游产品及提供体育旅游服务的企业、个人及其他社会团体。

2. 市场客体

市场的客体是指可供交换的体育旅游产品，包括各种有形和无形的体育旅游资源及服务，也包括现存的体育旅游产品和未来的体育旅游产品，用于满足人们的体育旅游需求。

3. 市场中介

市场中介是指联结体育旅游市场主、客体之间的桥梁，如价格、竞争、旅游中间商、旅游质监机构等。市场中介组成了体育旅游市场的主体、客体以及主客体之间的媒介体系。

（二）体育旅游市场的功能

体育旅游市场的功能主要指的是其对体育旅游产品的供需所发挥的作用，其主要表现在以下四个方面：

1. 体育旅游产品的交换功能

体育旅游市场是联结体育旅游产品生产者和体育旅游需求者的媒介。体育旅游产品的生产者及服务的提供者通过市场为自己的产品和服务找到买者，体育旅游需求者通过市场选择并购买自己感兴趣的产品。市场是促成体育旅游产品进行交易的必要条件。

2. 体育旅游资源的配置功能

体育旅游资源是体育旅游发展的基础，体育旅游发展的目的最终需通过体育旅游市场得到实现。市场需求是体育旅游开发的导向。体育旅游市场可以通过检验体育旅游产品质量的优劣来实现旅游资源配置，提供体育旅游者易于接受、乐于消费的体育旅游产品，在保证资源持续利用的基础上合理配置体育旅游资源。

3. 体育旅游信息的反馈功能

体育旅游市场是体育旅游供给者获取体育旅游需求信息的主要来源，而体育旅游者的经济活动通过市场动态表现出来。体育旅游市场通过自身传递信息为体育旅游目的地的发展规划或经济决策提供依据。

4. 体育旅游经济调节功能

在供需、价格、竞争等机制的推动下，体育旅游市场可以调节体育旅游供求平衡。通过市场调节，还可以实现社会经济资源的优化配置，合理分配劳动。

二、体育旅游市场细分

市场细分的概念是20世纪50年代由美国市场营销学家温德尔·史密斯提出的。市场细分又被称为市场分割，它是按照购买者的需要和欲望、购买态度、购买行为特征等不同因素，把一个市场划分为若干不同的购买者群体的行为过程。如今体育旅游需求呈现个性化、多元化，为体育旅游客源市场上所有的顾客提供同样的产品和服务几乎是不可能的。因此，通过市场细分进行目标市场的选择，以及在此基础上进行市场定位，是体育旅游市场开发者必须重视的一项工作。

体育旅游市场细分是指根据体育旅游者的需求、偏好、购买行为和购买习惯等方面的差异性，把一个整体的体育旅游市场划分为若干个消费者群的市场分类过程。所划分出来的每一个消费者群就是一个细分市场。

（一）体育旅游市场细分的意义

体育旅游市场细分是分析体育旅游消费需求的一种手段，对于制定正确的市场营销策略和进行合理的营销组合，乃至对整个营销系统均具有重要的意义。客源市场被划分得越细，营销就越有差别性和针对性。

1. 有利于发现最佳的市场机会

体育旅游需求存在着差异性，任何一家体育旅游企业在体育旅游市场上都只拥有相对优势，而不是绝对优势。体育旅游市场上存在着大量的市场机会，但是这些机会能不能被体育旅游企业抓住并转化为自己的竞争优势，取决于体育旅游企业的资源潜力、市场适应性和选择性。市场细分有利于体育旅游企业分析、发掘新的市场机会，形成新的、富有吸引力的目标市场。

2. 有助于掌握目标市场的特点

不进行市场细分，体育旅游企业选择市场就具有盲目性；不鉴别各个细分市场的特点，就不能进行有针对性的产品设计及市场营销。通过市场细分，体育旅游企业可以了解市场的消费特点，进而确定企业的经营方针，有针对性地集中力量对一个或几个细分市场进行产品设计及市场营销，向深层次发展，满足市场需求的多样性，突出体育旅游企业产品和服务特色，使顾客在市场上能购买到称心如意的产品和服务，从而提高该体育旅游企业的经济效益和社会效益。

3. 有利于提高竞争能力

体育旅游市场目前处于买方市场，各家体育旅游企业为争夺客源，市场竞争十分激烈。市场细分能增强体育旅游企业的适应能力和应变能力，使体育旅游企业易于掌握消费需求的特点和变化，使产品适销对路，并迅速送达目标市场，扩大销售额；市场细分易于体育旅游企业分析各个竞争对手的优势与劣势，有利于体育旅游企业确定自己的目标市场，从而增强竞争能力，提高经济效益。

（二）体育旅游市场细分标准

常见的体育旅游市场细分标准有以下几个：

1. 地理标准

地理细分标准是指根据地理因素把客源市场分为不同的地理区域，如国家、省、地、市、县、镇，不同的气候、人口密度、空间距离等。采用地理细分标准是因为各个地理因素都影响着体育旅游的需求方向、结构和规模。在不同地理环境下，因自然条件、文化传统、社会经济发展水平等的不同，体育旅游者的需求偏好和消费习惯都有所差异，所以形成了不同的特点。

2. 人口标准

人是构成体育旅游市场的基本因素，也是体育旅游经营活动的最终对象。人口细分是根据体育旅游者的年龄、性别、家庭、收入、职业、受教育程度等人口变量来对客源市场进行细分。每个细分市场都有其一定的特点和与众不同的需求，从而构成总体需求的多样性和每个小市场的特殊性。根据人口标准进行市场细分，可使体育旅游企业根据人口的需求差异，结合企业的特点和优势，准确选择本企业的目标市场。

3. 心理标准

体育旅游者的旅游动机、个性特征等使得他们对体育旅游产品的爱好和态度不同，这就为体育旅游业利用人们的心理标准来细分市场创造了条件。心理细分标准是根据体育旅游者的生活方式、性格特征、态度、兴趣和动机等心理特征来细分旅游市场。

4. 行为标准

体育旅游者实现旅游活动的主观条件根本上在于其旅游动机。分析不同人群的行为特点能更准确地把握细分的旅游市场特征。按体育旅游者的购买行为细分体育旅游市场时，需要考虑的因素包括人们的体育旅游动机、对品牌的信赖程度、价格敏感度、旅游方式、出行时间等。

三、体育旅游业目标市场的选择

体育旅游市场细分揭示了体育旅游业面临的多个市场机会，接着就是要对细分市场进行评估及选择。

（一）体育旅游目标市场的含义

体育旅游目标市场是指体育旅游企业打算进入的细分市场，或准备用其产品和服务来满足一组或几组特定的体育旅游群体。市场细分是体育旅游目标市场选择的基础，目标市场的选择是体育旅游市场细分的结果。

目标市场的选择是体育旅游企业经营管理的重要内容，从体育旅游需求的角度看，体育旅游业要获得三大效益，必须以满足体育旅游者的需求为首要任务。由于不同体育旅游者的需求存在着差别，体育旅游企业受资源和企业管理能力的制约，不可能满足所有体育旅游者的需要，因此必须从企业的条件出发，用特定的产品和服务去满足特定旅游者的需求，才能实现企业的经营目标。同时，并非所有的市场机会对体育旅游企业都有吸引力，体育旅游企业只有选择吸引力大且能够进入的细分市场作为自己的目标市场，才能充分发挥企业的资源优势并形成市场竞争优势。

（二）体育旅游目标市场的选择原则

1. 目标市场的可测量性

目标市场的可测量性是指目标市场所具有的规模、市场的购买能力及市场的未来发展都是可以预测和衡量的。

2. 目标市场的可进入性

目标市场的可进入性是指目标市场在经济、政策、资源、文化等方面的限定下，某一企业能否进入其中。目标市场的进入要符合企业条件和经营的目标，如果想进入门槛较高的目标市场，除非能保证从中获取收益，否则就应当放弃。

3. 目标市场的可营利性

企业经营体育旅游的最大目标是为了获取经济利益。因此，选择的目标市场应保证在较长时间内具有营利的条件。

（三）体育旅游目标市场选择的策略

目标市场的选择策略通常有：无差异市场策略、差异性市场策略、集中性市场策略。

1. 无差异市场策略

无差异市场策略是把市场看作一个大目标市场，不进行细分，用一种产品和单一的营销组合去满足整个市场。体育旅游企业采用无差异市场策略，不需要对市场进行研究，故其优势在于成本较低。一般来讲，无差异市场策略使体育旅游企业向市场提供标准化的产品，可大大降低产品开发、营销、市场调研等各项费用，有利于企业形成规模经济。但是这种策略也具有很大的局限性，在体育旅游者需求越来越多样化的今天，通过一种产品去满足所有的消费者非常困难。

2. 差异性市场策略

差异性市场策略是把整个市场划分为多个需求量大致相同的细分市场，然后根据企业自身的条件，分别为各个细分市场策划不同的体育旅游产品、制定不同的营销策略。采用差异性市场策略通常能够取得较好的营销绩效，因为它是有针对性地满足不同特征的顾客群，对体育旅游企业扩大市场占有率非常有利。但是这种策略由于产品品种、销售渠道、营销手段等不同，会增加各种经营成本。

3. 集中性市场策略

集中性市场策略是把这个市场划分为多个细分市场后，只选择其中一个或少数细分市场作为目标市场，开发相应的产品，制定合适的营销手段。体育旅游企业采用密集性目标市场策略，由于目标市场的集中，可实行针对性较强的经营方案，这不仅能提高产品的市场形象和市场占有率，还有利于降低产品的经营成本，但集中性市场策略的经营风险较大。

第二节　体育旅游开发与规划

一、体育旅游系统与规划

（一）体育旅游系统

系统是指各要素以一定的目标为导向，通过相互关联作用和反馈制约机制形成的有机整体。体育旅游业是带动性和关联性很强的产业，具有明显的系统性特征。

1988年，美国著名旅游规划专家甘恩（Gann）第一次提出了旅游系统的概念，指出旅游系统由需求和供给两大板块组成，各要素之间存在着很强的依赖性。1991年我国学者陈安泽和卢云亭也提出，旅游系统由需求和供给两部分组成，其中供给系统由旅游地域系统、旅游服务系统、旅游教育系统、旅游商品系统等子系统组成。

体育旅游业是关联极广、带动性极强的综合性产业，其内容在要素构成上非常广泛，既包括直接关联要素所谓的旅游六大要素，食、住、行、游、购、娱，又包括间接关联要素，如第一产业、第二产业、第三产业中与体育旅游相关联的要素。因此，参照旅游系统的概念，体育旅游系统可被定义为：由体育旅游客源市场子系统、旅游目的地吸引力系统、体育旅游企业子系统及体育旅游支撑与保障子系统组成的具有特定结构、功能和目标的综合体。

根据旅游者来源地的不同可将体育旅游客源市场子系统分为国内客源市场和国际客源市场两类。体育旅游目的地吸引力子系统是指目的地对体育旅游者产生吸引力的各种资源和要素的总和，包括体育旅游资源、体育旅游设施和体育旅游服务。体育旅游企业子系统指为体育旅游者提供体育旅游产品和服务的企业的集合，包括体育旅游交通、体育旅游餐饮住宿、体育旅游景点、体育旅游运营商等，是联结体育旅游客源市场子系统和体育旅游目的地子系统的桥梁。体育旅游支撑和保障子系统，指为体育旅游发展提供基础性支撑作用的产业部门，包括政策保障体系、财政金融保障体系、市场保障体系、技术保障体系等，是体育旅游系统中不可或缺的部分。

（二）体育旅游规划

体育旅游规划是在对体育旅游系统现状进行调查评价的基础上，结合社会、经济、文化的发展趋势及体育旅游发展规律，以优化总体布局，完善结构功能，实现最佳社会、经济、环境三大效益为目的的战略设计过程。从产业上看，体育旅游开发规划是体育旅游产业的核心内容，是实现体育旅游产业发展壮大的重要手段。

二、体育旅游开发规划的内容

体育旅游规划涉及的面很广，它包括了整个体育旅游系统，规划中涉及多个相关学科知识，如体育学、地理学、旅游学、管理学、城市规划学、社会学、心理学、经济学等。具体来讲，所包括的内容有以下几点：

规划对象，包括规划范围，规划区域内历史、地理、地质、气候、区位条件、社会经济条件等。

规划依据及原则，包括中央及地方出台的各种相关法律法规，以及与该区域旅游、体育发展相关的政策。规划原则包括市场导向原则、环保原则、个性化原则、效益原则等。

体育旅游资源评价，分析评价规划区域内体育旅游资源的种类、数量、分布状况及质量，确定开发体育旅游的种类、顺序及开发方向。

区域内体育旅游竞争合作状况，分析区域内体育旅游产品的竞争对手以及潜在的竞争对手，分析其竞争策略。

体育旅游发展战略，根据规划区域体育旅游发展的概况，制订区域体育旅游发展的战略目标，并提出实现目标的途径。

客源市场分析，根据体育旅游资源的特点，分析区域体育旅游面对的主要客源市场，包括市场细分及选择、客源市场的范围、客源规模及消费水平等。

体育旅游产品体系规划，根据区域内旅游资源的特点和对客源市场的分析，明确体育旅游的规划方向，突出区域体育旅游特色，开发体育旅游产品体系。

体育旅游商品规划，旅游购物已成为旅游的主题，要推动当地体育旅游经济的发展，体育旅游购物是必不可少的部分，因此必须规划设计出当地独具特色的具有代表性的体育旅游商品。

人力资源规划，体育旅游是一项专业性很强的旅游项目，需要一系列专业人员。人力资源规划包括人力资源培训教育计划、人力资源的需求等内容。

交通规划，交通一般包括体育旅游区的对外交通系统和对内交通系统。交通规划要本着"进得来，散得开，出得去"的原则，保证交通安全畅通，并且和整个区域环境相融合。

基础设施规划，包括给排水、供电、邮电通信等规划，应与当地体育旅游发展规模和地方经济发展规模相协调。

保障体系规划，包括服务设施规划、体育旅游发展所需的政策、资金、危机管理等保障体系的规划。

环境保护规划，环境保护是当今世界普遍关注的问题，为保证体育旅游能可持续发展，必须进行环境保护的规划。

效益分析规划，体育旅游的发展目的是获得经济效益、社会效益和环境效益，在进行体育旅游规划的时候必须要对效益进行分析，其中最重要的是经济效益分析，即投入产出分析。

规划图件，包括区位图，土地利用现状分析图、功能分区图，体育旅游产品及路线设计图、效果图等。

三、体育旅游开发规划的原则与步骤

（一）体育旅游开发规划的原则

要使体育旅游得到合理开发，取得较好的经济效益，实现可持续发展，就必须遵守下列原则：

1. **市场导向原则**

体育旅游的开发规划必须以市场需求为依据，以最大限度地满足体育旅游者的需求为标准。由于体育旅游者的旅游动机与旅游需求是不断变化的，因此在进行体育旅游开发规划时，应注重市场的调查与预测，随市场的变化选择开发的重点，降低开发的盲目性。

2. **注重保护原则**

体育旅游的开发规划应注重可持续发展，应把开发与保护资源及其依托的环境结合起来。在进行体育旅游的开发前，应认真进行开发项目的可行性研究，制定保护资源及环境的切实有效的措施，有效地保护体育旅游资源及其依托的环境。

3. **个性化原则**

体育旅游的开发规划应突出个性化，要有特色才能具有吸引力和竞争力。在体育旅游的开发规划中，要充分挖掘当地独有的特色，把各项体育旅游资源结合起来，形成主题，以此来树立当地独特的体育旅游形象，对体育旅游者产生强烈的吸引力，在市场上形成极强的市场竞争力。

4. **健康安全原则**

体育旅游开发以增进人民健康、保证安全为第一宗旨。体育旅游产品及项目的开发，应从运动生理学的角度出发，使其产品及项目能增进人们身体健康、缓解和消除疲劳、缓解压力、增强体质和预防疾病、提高人们的生活质量。

5. **居民参与原则**

开发区域所在社区的居民是体育旅游开发规划的重要利益相关者，所以社区居民应参与体育旅游的规划，对体育旅游开发规划享有知情权。在体育旅游的开发活动中，应注重当地居民的权益，增加其就业机会，提高其生活质量。

6. 系统开发原则

开发区域所在地往往拥有多种体育旅游资源，通过综合系统的开发，可以使有各种吸引力的不同体育旅游资源形成一个吸引力群，提高体育旅游资源的品位和竞争力。同时，还要考虑体育旅游者的多方面需求，做好相关设施的配套与供应。

7. 综合效益原则

体育旅游的开发规划应注重体育旅游资源的吸引力及使用价值，用较少的投资与较短的投资建设周期产生较大的综合效益，实现经济效益、社会效益和环境效益的最大化。

（二）体育旅游规划的步骤

第一，体育旅游规划的可行性分析。可行性分析是体育旅游规划的重要内容，是决定该区域是否具有开发体育旅游的必要性和可行性的主要指标，它包括体育旅游开发价值、市场前景、投入产出分析，以及游客容量等。

第二，资料的收集与分析。在实地调研之前收集关于该区域的详尽资料。

第三，实地考察调研。这一步骤的主要工作内容是对区域内的体育旅游资源进行调查和评价，包括区域内体育旅游资源的种类、特色、分布等，体育旅游资源所在地的区位条件、社会环境、经济状况等。

第四，编制体育旅游规划。先是确定该区域的体育旅游总体规划，并在总体规划的指导下编制控制性详细规划和修建性详细规划。

第五，评审规划。委托聘请相关专家组成规划评审小组，对体育旅游规划的结构完整性、内容科学性及可行性等进行评审，最后给出评审意见。

四、体育旅游开发规划的对策

（一）推动体育旅游业态融合

旅游产业和体育产业都是我国经济发展中新兴的产业门类，目前对二者的产业范围、产业结构及产业定位还存在争议,从某种程度上讲还未出现真正意义上的融合。因此,应正确认识和准确把握旅游产业与体育产业的融合本质和规律,采取更加有力的制度与政策措施,推动旅游产业与体育产业的融合发展,充分发挥二者对客源市场的吸引力,为客源市场提供内容丰富、功能完善的产品,从而推动两大产业的发展。

（二）制定体育旅游整体发展规划

旅游具有双重性,在促进社会经济和文化发展的同时也能加剧环境的损耗、加速地方特色的消失。因此,在制定体育旅游规划时,要坚持可持续发展的原则,将体育旅游纳入国家整体旅游规划中,建立全国统一的体育旅游市场体系,注意维护生态平衡,改善人文环境。同时,国家应加大宏观调控与引导力度,强化政府的宏观调控与引导职能,平衡供需结构,坚持先规划、后开发,防止盲目开发、重复建设,建立规范化、专业化的体育旅游资源开发管理体系。

（三）开发多元化特色体育旅游产品

对我国体育旅游资源进行摸底调查,采用专业体育旅游产品与大众性体育旅游产品开发相结合的模式,进行多元化开发,以适应不同年龄、不同阶层、不同区域人群对体育旅游的需要。注重以下特色体育旅游产品的规划:以国家体育产业基地为代表的体育产业功能区产品规划;体育场（馆）的专项旅游产品规划,如体育场（馆）的休闲产品、体育场（馆）演艺产品等;特种体育旅游产品规划,如户外运动、探险旅游、高尔夫球场、赛马场、滑雪场、狩猎场、航空运动基地、帆船运动基地等;全民健身公共休闲服务体育旅游产品的规划;体育赛事节庆活动产品的规划。

（四）加强体育旅游营销宣传

中国体育旅游消费市场中存在着大量潜在的旅游者。要大力发展中国的体育旅游,必须加强旅游促销、刺激需求,使潜在旅游者变成现实旅游者,从而促进旅游消费。具体做法有两点:第一,应设计鲜明的体育旅游产品形象;第二,应加大宣传促销力度。针对国际旅游市场,组织旅游宣传促销团到客源国举办各种形式的旅游说明会和推介会，同时邀请境外旅游中间商和新闻媒体到中国考察、访问，通过销售促进、全球网络促销等宣传方式，提高中国体育旅游产品的境外知名度，吸引国外游客。针对国内旅游市场，运用影视、广告、互联网等多种宣传促销形式，提高宣传促销的影响力，增强宣传促销实效。

（五）优化体育旅游的政策和环境

体育旅游是一个新兴产业，目前与之相关的政策和法律法规较少，因此，要创新管理机制，营造有利于体育旅游发展的政策和环境；应加强相应的法律法规体系建设，制定同国际接轨的体育旅游法律和法规政策体系；制定积极的体育旅游产业政策，以形成依靠社会、依托市场、多元化、多形式的体育旅游发展新格局；加强体育旅游市场准入、市场竞争，以及市场监督和管理制度建设，建立起公平竞争、信息灵敏、运行有序的体育旅游市场的管理体制和运行机制，以强化行业自律规范与导向职能，促进体育旅游业的跨越式发展；深化改革，形成体育旅游产业发展的良好环境。

第三节　体育旅游市场营销

为了开拓客源市场，吸引更多的体育旅游者，体育旅游市场营销成了体育旅游开发规划的重要抓手，宣传营销力度不断加大。特别是随着互联网技术的飞速发展，新型体育旅游宣传营销策略也在不断发展。许多旅游目的地以城市为主要载体，纷纷占领高端媒体，在中央电视台、地方卫视开展旅游目的地营销活动，如四川省的"天下四川，熊猫故乡"，山东省的"好客山东"，山西省的"山西好风光"等简洁明快、朗朗上口的宣传地区或城市旅游主题形象的口号，给人们留下了深刻印象，起到了很好的宣传效果。

一、体育旅游市场营销的概念和内容

营销一词来自英文 Marketing，菲利浦·科特勒（Philip Kotler）对营销的定义是：营销是个人和群体通过创造并出售，与别人交换价值以获得所需之物的社会和管理过程。在传统营销理论体系中，市场营销组合、产品生命周期、品牌形象、市场细分和市场定位等概念，构建了传统营销理论体系的框架。

体育旅游市场营销理论来源于市场营销理论，随着市场营销观念的演进发展而来。体育旅游市场营销是市场营销学在旅游业中的具体运用，是指凭借体育旅游资源，通过对旅游产品的构思、定价、促销和分销的计划和执行，来满足旅游者需求和实现经济利益、社会利益、环境利益的过程。

体育旅游市场营销的主要内容包括市场营销环境分析、市场调查与预测、市场细分与目标市场选择、市场营销策略的制定、市场营销控制与管理。

（一）市场营销环境分析

通过分析市场营销环境，可了解市场营销的机会和风险，进而适应环境，发掘市场机会，开拓新的市场。营销环境分析是体育旅游营销战略及营销计划必不可少的环节。

（二）市场调查与预测

市场信息是景区进行营销决策的基础。面对日益激烈的市场竞争，应利用各种调查数据，借助科学预测方法和旅游信息处理技术，准确地掌握旅游消费动向、竞争市场反馈等旅游市场信息及其发展变化态势，将市场调查与预测作为打造景区核心竞争力的依据。

（三）市场细分与目标市场选择

体育旅游资源具有有限性，任何一种体育旅游资源都不可能以自身独有的资源和力量来全面满足所有旅游者的需求。因此，市场细分与目标市场选择是体育旅游市场营销的重要内容之一。

（四）市场营销策略的制定

市场营销策略的选择是体育旅游市场营销的核心问题，一般包括体育旅游产品策略、产品价格策略、营销渠道策略、产品促销策略等。在制定体育旅游营销策略时，应综合权衡相关社会团体的利益，根据实际情况制定营销策略。

（五）市场营销控制与管理

有序的管理与控制可使市场营销工作更为有效。所谓管理与控制，包括管理与控制对营销策略的计划、组织、执行、评价，设置高效的营销组织机构，以及对营销人员的培训和管理等。

二、体育旅游市场营销策略

（一）营销组合理论的发展

营销组合是指企业为了寻求一定的市场反应而进行的一系列直接影响需求的可控制要素的组合，是用来从目标市场寻求其营销目标的一整套营销工具。纵观市场营销理论的发展，营销组合理论在不断发展和演化，大致经历了以满足市场需求为目标的4P理论，以追求顾客满意为目标的4C理论，以建立顾客忠诚为目标的4R理论，新经济时代的4V理论等发展过程。

"营销组合"这一概念是1964年美国哈佛大学教师波顿（Bordon）最先提出来的。同年，美国学者麦卡锡（Mc Caithy）提出了具有高概括性的4P理论，即产品（Product）、价格（Price）、渠道（Place）、促销（Promotion）。4P理论在服务业中得到广泛的应用，且营销组合的层面和范围不断扩大，至今已经演变成12P组合理论。总的来说，"P"营销组合理论是企业站在自己的角度来考虑消费者的需求，通过对内部可控的营销因素的有效组合，适应外部经营环境，来满足顾客的需求，从而实现企业的盈利目标。

美国营销学专家罗伯特·劳特朋（Robert F. Lauterborn）教授认为，企业从事营销应以顾客为导向，因此他在1990年提出了营销组合的4C理论，即消费者（Consumer）、成本（Cost）、沟通（Communication）和便利性（Convenience）。4C理论是对4P理论的进一步补充。4C营销组合理论站在消费者的角度来关注消费者的需求，通过降低消费者的购买成本，与消费者的有效沟通及在营销全过程中为消费者提供便利，来满足消费者的欲望与需求，从而获得消费者的满意与忠诚。

21世纪初美国学者唐·舒尔茨（Don Schultz）提出4R营销组合理论，即关系（Relationship）、关联（Relevance）、反应（Reaction）、回报（Reward）营销新理论。4R营销组合理论将企业的营销活动提高到宏观和社会层面来考虑，更进一步提出企业是整个社会大系统中不可分割的一部分。

1994年中国台湾地区学者罗文坤提出了4V营销理论，2001年我国学者吴金明重新定义与解读了4V营销组合理论。吴金明提出的4V营销理论是指"差异化（Variation）、功能化（Versatility）、附加价值（Value）和共鸣（Vibration）"。4V营销理论强调企业要实施差异化营销，要求产品或服务有更大的柔性，更加重视产品或服务中的无形要素，通过品牌、文化等满足消费者的情感需求，但是这一理论操作性不强，在实践中只能作为企业的指导方向。

4P、4C、4R、4V营销组合理论之间的关系不是后一个理论取代前一个理论，而是后面的理论对前面的理论进行了完善和发展，后一个理论的提出是以对前一个理论的默认为条件的。

（二）体育旅游营销策略

市场的需求是多种多样、不断变化的，用单一的市场营销策略无法适应市场需求，应选用多种营销组合来争取和占领市场。目前常用的体育旅游市场营销策略有以下几种：

1. 产品策略

产品是市场营销组合中最重要和最基本的因素。在制定营销组合策略时，首先必须决定生产什么样的产品来满足目标市场需求。同时，产品策略还直接或间接地影响到其他营销组合因素的管理。体育旅游产品策略包括体育旅游产品现有资源的经营、新资源的开发和体育旅游产品线路的设计等方面，主要包括产品生命周期策略、品牌与商标策略、产品包装策略等。

2. 价格策略

适当的定价策略可以提高体育旅游产品的竞争力，是成功的前提条件。体育旅游产品的定价策略既要保持大众旅游产品的定价策略，又要具有专项旅游产品定价的特征。与其他旅游产品一样,体育旅游可供选择的定价策略有成本导向定价法、需求导向定价法、竞争导向定价法等。

3. 形象制胜策略

独具特色的体育旅游形象是形成营销优势的有力工具之一。良好的形象有助于突出特色、吸引顾客、实现营销目标。形象策略包括形象的设计及推广。体育旅游形象策略由形象定位、形象塑造和形象标志组成,包括名称、标志、颜色、字体及营销口号等。

4. 销售渠道策略

体育旅游产品和其他产品一样,也有自己的销售渠道。了解旅游销售渠道,有助于体育旅游产品的供给者选择适当的营销途径推销自己的旅游产品和业务。一般来说,旅游销售渠道有直接销售渠道和间接销售渠道两种。直接渠道是旅游企业将旅游产品直接出售给旅游者而不经过任何中介,由于没有旅游贸易中介的介入,不需要经过许多层次和环节,因而也被称为零层渠道。间接渠道就是指旅游企业通过两个或两个以上的旅游贸易中介来销售旅游产品,这是旅游业规模不断扩展、生产能力日益扩大的需求。例如,在北京奥运旅游宣传前期,各省市的旅游中间商通过网络、电视等来宣传北京市文化和旅游局、北京旅游集散中心等相关部门推出的旅游产品,间接达到在各省市销售旅游产品的目的。

5. 产品促销策略

对任何体育旅游产品来说,无论设计者在设计开发、价格制定和分销过程方面怎样周密计划、细致安排,如果没有有效促销手段的配合,都难以向消费者传递其独特的吸引力。所以,体育旅游产品促销策略,就是为了将各种促销技巧优化利用起来,选择在某种状况下最好的促销技巧,最大限度地引起顾客注意,并促成其购买。促销手段包括广告推销、公共关系及宣传、销售促进、人员推销、旅游印刷品五种。这些促销手段都具有各自的特点,旅游企业在选择促销组合策略的时候,要注意目标市场的区分,选择合适的促销组合策略来促进体育旅游产品的销售,强化消费者的购买欲望。

6. 事件营销

所谓事件营销,是指企业通过策划、组织和利用具有新闻价值、社会影响以及名人效应的人物或事件,吸引媒体、社会团体和消费者的兴趣与关注,以求提高企业或产品的知名度、美誉度,树立良好的品牌形象,并最终达到营销目的。这种营销方式具有受众面广、突发性强，在短时间内能使信息达到最广、最优的传播效果，可以为企业节约大量的宣传成本等特点，近年来慢慢成为国内外流行的一种公关传播与市场推广手段。体育旅游在进行市场营销时，应把握诸如体育旅游博览会、运动会、节庆活动等事件，通过"借势"和"造势"，有效地策划事件营销。

7. 关系营销

关系营销把营销活动看成企业与消费者、供应商、分销商、竞争者、政府机构及其他公众发生互动作用的过程，其核心是建立和发展与公众的良好关系。关系营销的市场结构包括外部顾客市场、供应商市场、内部市场、竞争者市场、分销商市场、招聘市场等，大大地拓展了传统市场营销的含义和范围。关系营销是培养顾客忠诚度的一种有效途径，它包括建立、维护和发展与顾客间的紧密联系等内容。与传统营销相比，关系营销更注重的是维系现有顾客，因为争取新顾客的成本将远远高于保持老顾客的成本。关系营销注重顾客价值与长期效益，强调为顾客服务，对满足顾客期望的承诺度高。体育旅游产品是一种很难培养顾客忠诚度的产品，只有以满足顾客需求为导向，不断提高顾客的满意度，才能使顾客对产品、品牌乃至公司保持忠诚。与此同时，顾客的口头宣传也有助于企业树立良好形象。

8. 绿色营销

随着现代工业的大规模发展，人类以空前的规模和速度破坏自己赖以生存的环境，给自己的生存和发展造成了严重威胁。绿色消费需求逐步由潜在的需求转化为现实的需求，消费需求的满足取决于物质、精神、生态等多种需求和价值的并重，有支付能力的绿色消费需求推动了绿色营销的发展。绿色营销是指企业在营销活动中谋求消费者利益、企业利益与环境利益的协调，既要充分满足消费者的需求，实现企业利润目标，也要注意保持自然生态平衡，实现经济与市场可持续发展。

9. 网络营销

利用互联网开展营销活动，是一种新型的营销方式和手段。网络通信成本低廉，可以用较低的成本了解消费者的需求，有利于把握客户需求动态，开发符合消费者需求的个性化体育旅游产品，并向消费者传递信息，为消费者提供全新的沟通渠道。与传统营销相比，网络营销是一种强调个性化的营销方式，它以消费者为中心，具有极强的主动性，以最低的成本支出为消费者提供优质的产品。

第五章　西部地区的体育旅游开发路径

第一节　西部地区的体育旅游资源开发

一、西部各省区的体育旅游资源

旅游资源是能诱发旅游动机和实施旅游行为的因素的总和，它包括在自然界和人类社会中能对旅游者产生吸引力的，以及有可能被开发成旅游消费对象的各种事物。从这一意义上讲，体育旅游资源就是能够引领人们从事体育旅游活动的各种要素的组合。

体育旅游资源大体可以被分为三类：自然景观、人文景观和其他景观。

自然景观是指以大自然造物为吸引力本源的体育旅游资源，一般包括地质、地貌、水体、地理、气候与天象、动植物等子类型。例如，为登山、攀岩、滑雪、沙漠探险等体育旅游活动提供的雪山冰川、高原、沙漠等自然景观；为漂流、冲浪、垂钓、游泳、划船等水上体育旅游活动提供的河流、海洋、湖泊等自然景观；为狩猎、徒步、自行车健身等体育旅游活动提供的动植物、草原、山丘等自然资源。

人文景观是指以社会文化事物为吸引力本源的体育旅游资源，一般包括历史古迹、园林、宗教文化、城镇、社会风情、文学艺术等子类型。例如，内容丰富、独具特色的民族传统体育旅游活动：藏式拔河、羌族的推杆、彝族的火把节等。特别值得注意的是大型运动会和高水平单项体育赛事，如奥运会、世界杯足球赛、洲际运动会等，这些重大体育赛事都是能吸引大量旅游者的人文景观。

其他景观泛指除体育旅游自然景观与人文景观之外的其他属性的体育旅游资源。比如，一些旅游景区人工修建的游乐设施以及体育事业发达的地区或城市等，都可以成为可供开发的体育旅游景观。

由于体育资源是体育旅游业发展不可缺少的物质基础，所以对其资源状况的全面分析，有助于相关对策研究的开展。在对西部体育旅游资源状况进行分析时，可采用对西南和西北地区按省区，广西、内蒙古按"板块"分别探讨的方法。

（一）西南各省区的体育旅游资源

1. 云南

云南省的景观类型丰富，许多自然生态旅游资源是世界罕见的，特色明显，品位极高。从白雪皑皑的冰川到四季常青的热带风光，云南的景区几乎浓缩了我国从南部海南岛到北部黑龙江的所有气候类型的景色。云南省既有热带、亚热带植物、珍稀动物和自然风光，又有海拔4000米以上，北半球纬度最低却终年积雪的雪山群、冰川、冰塔、冰瀑等；有海拔1800米左右，以昆明市为中心的"春城"，还有被誉为"天下第一奇观"的石林，和被称为"世界之珠"的"三江并流"（金沙江、澜沧江、怒江）；滇西北有历史文化名城巍山、大理、丽江，其中丽江古城已被列为世界人类文化遗产；以及神奇美丽的香格里拉，璀璨的高原明珠——滇池、洱海等三十余个湖泊，闻名遐迩的红河自然溶洞——燕子洞、白龙洞等。众多的自然资源共同构成了云南旅游的独特优势，云南不仅是运动员进行高原训练的理想之地，也是许多体育旅游项目，特别是水上项目开发的场所。

云南分布着彝族、白族、傣族等多个少数民族，各个民族在语言、信仰、服饰、饮食、居住、娱乐、节庆、礼仪、婚恋、生产、生活等方面都具有各具特色的、吸引旅游者的传统文化和习俗，特别是各民族绚丽多彩的传统文体活动，都具有一定的观赏性和参与性。

云南民族文化旅游资源的特色主要表现在四个方面：一是多元文化的汇集，即本土文化、中原文化、东南亚文化和西方文化的交汇，形成民族文化的"王国"；二是鲜明的区域特色，如西双版纳以傣族文化为主，丽江以东巴文化为主，楚雄以彝族文化为主，大理以南诏文化为主，迪庆以藏族文化为主，红河则是以彝族、哈尼族文化的共同交融为主，文山以壮苗文化为主，滇池、抚仙湖一带以古滇文化为主等；三是风格独特、古朴自然、博大神秘，具有较强的独特性和垄断性；四是各种民族文化与自然风光互为点缀，有机融合，形成人与自然的和谐统一，给人以刚柔相济、自然淳朴的感受。从民族文化有利于激发人们旅游动机的角度来讲，利用民族节庆、民族歌舞、民族体育等服务于旅游业，可使云南体育旅游更具特色。

2. 贵州

从贵州的旅游资源优势看，由于自然环境条件优越，当地旅游资源十分丰富。贵州地处云贵高原东部，是世界上喀斯特地貌发育最典型的地区之一。全省80%的县、市都有不同面积、不同发育程度的岩溶，溶洞类型齐全、形态完美，形成了贵州高原独特的集山、水、洞"三奇"于一体的喀斯特自然风光。贵州极富地域特色的山水洞等旅游资源，对于攀岩、漂流、探险等体育旅游项目的开发具有很高的价值。

贵州也是多民族聚居的省份，在该省居住着约3856万汉、苗、布依、侗、水等各族人民，少数民族人口占全省总人口的1/3。长期以来，贵州各民族以其悠久质朴的民族文化、造型别致的建筑、古老独特的传统习俗、奔放热烈的民间歌舞、粗犷豪放的体育竞技，构成了一幅幅丰富多彩的民族风情画，成为贵州高原上的独特景观。丰富多彩的民族风情使贵州的人文景观具有浓郁的民族特色和地方特点，对旅游者具有巨大的吸引力。贵州的旅游资源数量多，奇特的自然风光、浓郁的民族风情，以及革命圣地等旅游资源，不仅在全国而且在全世界都占有一定的地位。

3. 四川

四川横跨青藏高原和四川盆地，自然生态环境结构复杂多样，由盆地、丘陵、山地、高原四大地貌单元构成自然地理格局。四川的自然资源储量巨大、种类繁多。例如，高等植物达一万多种，占全国总量的1/3。在动物资源方面，除拥有国宝级动物大熊猫、小熊猫等之外，还有近1300种脊椎动物，占全国总数的45%以上，兽类和鸟类约占全国的53%。四川在全国省份中水资源居于前列，金沙江、岷江、大渡河、雅砻江从海拔四五千米的青藏高原、横断山脉的崇山峻岭中跌落到海拔200～750米的四川盆地，落差达4000米，丰富的水量与极大的落差带来了巨大的水能资源。

四川省内有45座海拔6000米以上的高峰，其中海拔7556米的贡嘎山被称为"蜀山之王"。贡嘎山地区冰蚀地形齐备，古冰川遗迹沿主峰呈放射状分布，形成的冰川群多达74条，其中最东端的便是长达14.7公里的海螺沟冰川。除此之外，还有四姑娘山（主峰海拔6250米，其他三峰均在5500米左右）、雪宝顶、西岭雪山等雄峻美丽的高山。四川省内还有若尔盖、阿坝、红原等广袤的大草原，有各类世界珍稀动植物自然保护区以及众多的河流湖泊，因此历来就有"天下山水之观在蜀"之说。这些自然资源为登山、攀岩、滑雪、滑草、滑翔、漂流、穿越、探险以及水上运动等体育旅游项目的开展提供了佳地。

四川历史悠久，文化源远流长。数千年来，在这一地区生活繁衍着汉、彝、藏、羌、苗、土家、回、蒙古、满、布依等56个民族，并形成以汉族为主的四川盆地和少数民族聚居的川西高原两大人文地理生态系统。因而四川除具有多种自然景观外，还拥有大量的人文景观，是有名的旅游大省。

"青城天下幽，剑门天下险"久享盛名；安岳石刻、乐山大佛、都江堰、自贡恐龙博物馆等人文景观中外驰名；九寨沟、黄龙景色绝佳，被比作"人间仙境""童话世界""天上瑶池"，已被纳入《世界自然遗产名录》；新推出的蜀南竹海、兴文石海洞乡等也成为人们喜爱的旅游地；南江光雾山、通江诺水河、盐源泸沽湖、泸定海螺沟等许多质量高、开发潜力大的旅游资源现已被开发。此外，凉山彝族火把节、广元女儿节、康定转山会、乐山龙舟节等富有地方民族特色的传统活动，也是颇具魅力的旅游资源。

四川旅游资源的特点可被归纳为：雄奇秀丽的自然山川，丰富多样的文物古迹，如诗如画的田园风光，独特有趣的民族风情。四川旅游资源具有数量多、类型全、分布广、品位高等特点，许多自然景观在中国乃至全世界都是独有或罕见的。

4. 重庆

重庆旅游资源异常丰富，具有得天独厚的优势。目前重庆全市有景区200余个，景点1300余处，其中国家级自然保护区7个。重庆地处长江上游和西南地区腹地，位于三峡旅游的热点地带，境内既有享誉中外的、绵延上百公里的长江三峡风光及与之相融合的举世无双的三峡水利枢纽工程，又有世界上最大的特型山水城市，所有的景观都分布在大江大河交汇处、高山峡谷纵横的宏大背景之中。特别是三峡工程完工后，不但形成了长达600公里的天下奇景"高峡平湖"，还新增景点70多处，使整个三峡库区成为全国最大的国家级公园和世界级巨型景区，成为全国最大的旅游观光、度假采风胜地。

此外，重庆市境内旅游名胜妙景迭出，异彩纷呈。有峡谷风光系列、石刻艺术系列、古战场系列、水域景观系列、岛屿景观系列、山城夜景系列、世界奇观系列、温泉景观系列、岩溶洞穴系列、山林旅游系列、南方高山草原系列等，构成了集山、水、林、泉、瀑、峡、洞等于一体的奇异壮观的自然景色，为登山、水上运动、温泉浴、攀岩和汽车拉力赛等体育旅游活动提供了良好的自然条件。

重庆旅游资源的品位高、吸引力强。在人文旅游资源上，爱国主义系列、宗教文化系列、三国文化系列、民族风情系列、现代山城文化系列等景观，赋予重庆旅游资源以鲜明的个性特色，蕴含着深厚的科学价值和文化积淀，具有极高的知名度。重庆地处我国东西接合部，位置适中，是中国内陆旅游线路网络的交汇点，与周边各旅游热点城市和地区互补性好。

在旅游资源组合上，重庆的自然景观和人文景观融合得较好，构成了以重庆主城为根基、三峡和长江干流旅游走廊为横贯主干、沿长江支流向两侧辐射渗透的树状结构，既便于线状路线旅游，又适宜网络状板块旅游。

5. 西藏

西藏所在地青藏高原素有"世界屋脊""地球第三极"之称，境内高峰耸立，江湖纵横，藏东南有莽莽的原始森林，藏北有广阔的羌塘草原，整个西藏气候复杂而独特，自然风光别具一格。西藏现有对外开放的山峰40多座，其中珠穆朗玛峰是世界第一高峰。

西藏境内有大小湖泊1500多个，分布广泛，风光独特，具有很高的观赏价值，与其紧密相连的是众多的高原河流。雅鲁藏布江、金沙江、澜沧江、怒江等分布境内，蕴藏着许多未解之谜，对于开展科学考察、极限登山、徒步穿越、寻奇探险等活动具有极强的吸引力。西藏的动物资源有3000多种，"高原之舟"牦牛闻名世界，藏羚羊、野驴、盘羊等是高原特产珍稀动物，观赏价值很高。可以说，特殊的地理环境构成了西藏旅游自然景观的基础。

西藏境内藏、门巴、珞巴等少数民族文化和宗教文化给西藏罩上了一层神秘气氛；青稞酒、酥油茶、转经筒、洁白的哈达、"二牛抬杠"、牛皮做筏等富有民族色彩的物品及活动异彩纷呈，令人目不暇接。尤其是民族习惯和节庆日等，富有浓郁的民族气息和鲜明的地方特色，并伴有各种美妙的传说，在千百年来的封闭式发展中，形成了与现代文明迥异的风格。

西藏的民族体育不仅历史悠久，而且内容十分丰富。西藏各地出现的摔跤、拳击、举石、抱石、掷石、跳高、跳远、赛马、赛牛、马球、马术和骑射等项目，与"果谐"（圆圈歌舞）、"堆谐"（城镇踢踏舞）、"卓谐"（鼓舞）、"热巴"（铃鼓舞）等藏族民间传统舞蹈相融合，形成极具特色的体育旅游人文资源。

西藏众多的旅游资源都具有极高的观赏价值和参与性，给人以新奇、神秘之感，并有着浓郁的民族特色和地方特色。这些旅游资源中，许多还具有垄断性与唯一性。高原典型冰川、雪峰、湖泊、寺庙等，都可称得上"世界之最"，是世界性游览观光、科考、探险登山的好去处。

目前，西藏的许多地方还是处女地、处女峰。这些充满野性而且具有独特魅力的地方，都将以纯天然、全新、神奇的面貌展示给游人。西藏以其独特的"地球第三极"青藏高原自然风貌、悠久的历史文化、浓郁的民俗风情等旅游资源逐步形成以高原雪域为特色的"圣地"旅游，其中登山旅游资源是世界其他任何地方都无法与之相提并论的。

（二）西北各省区的体育旅游资源

1. 陕西

陕西地处我国内陆腹地，是我国大西北的门户和连接我国东、西部以及西南、西北的交通枢纽，古有"丝绸之路"通向西亚、东亚各国，具有重要的战略地位。陕西不仅是中华民族及华夏文明的重要发祥地，其省会西安还与开罗、罗马和雅典并称为世界四大文明古都。中华民族的悠久历史给陕西留下了十分丰富的人文旅游资源，经第三次全国文物普查，陕西省共有各类不可移动文物49058件，有522家国有文物收藏保管机构，收藏可移动文物7748750件。陕西省有全国重点文物保护单位270处，陕西省文物保护单位1098处，市县级文物保护单位3730处，居全国之冠。

陕西不仅文物荟萃、民风古朴，而且山川秀丽，自然景观多姿多彩，自然旅游资源别具风格。全省地形狭长，地貌复杂多样，由盆地、山地、高原、沙漠等构成自然地理格局，地貌类型较齐全。陕西有丰富的山林资源，如华山、太白山、南五台等，适宜开发攀岩、探险、登山等体育旅游项目。陕西北部的毛乌素沙漠可开展多种多样的沙漠探险活动。陕西在水资源方面，北有黄河，中有渭河，南有汉水、丹江等，以及众多依托水利设施建成的水利风景名胜区等，适宜举办各类皮艇、摩托艇、滑水、漂流等水上运动。黄河风情、黄土高原、壶口瀑布、西岳华山等自然资源与陕西民间传统体育资源、体育文物资源等相结合，成就了陕西体育旅游资源的特色。陕西省旅游资源具有古老、独特、多样的特点，为体育旅游的开发创造了良好的资源环境。

2. 甘肃

甘肃地处黄河上游，位于黄土高原、内蒙古高原和青藏高原的交界处，分属长江、黄河、内陆河三大流域。土地总面积42.59万平方公里，东西跨度1480公里，南北跨度1132公里，西北—东南方向最窄处仅有76公里，地形呈狭长状，东西长1659公里，南北宽530公里。2022年末全省常住人口有2492万人，包括汉、回、藏、蒙古、东乡、保安等多个民族。

甘肃地貌复杂多样，土地资源丰富，大体可分为"三分山、三分草、两分沙、一分林、一分田"。在甘肃境内，不仅有人们印象中的黄土高原和沙漠，还有大面积的草地，甘肃草原面积达2.5亿亩，是我国五大牧区之一。旅游者在这一区域内不仅可以找到曾称雄一方的少数民族之踪迹，而且可以在这样的地理条件下组织汽车拉力赛、极限穿越、骑马和骑自行车等体育旅游活动。

甘肃的水力资源丰厚，在该省境内，黄河水量充沛，落差集中，可开展漂流、摩托艇和各类皮艇等活动项目。丰富的动植物资源是甘肃的另一大特点，省内有野生动物650多种，其中受国家保护的稀有动物有大熊猫、金丝猴等90多种；有药用植物2700余种，其中野生药材达1270多种，品种数量居全国首位。甘肃历史悠久，民族风情多样，自然景观奇特，文化遗产较多，是中华民族的发祥地之一。除驰名中外的敦煌莫高窟以外，还有安西榆林窟、天水麦积山石窟、嘉峪关城楼、夏河拉卜楞寺、平凉崆峒山、秦安大地湾遗址等众多的文物古迹和旅游胜地。

3. 青海

青海旅游资源主要表现在类型多、数量多、潜力大、价值高等方面。类型多，无论是从功能上分还是根据内在属性、外部特征及构成要素区分，各类旅游资源都有不同程度的分布；数量多，可开发利用的旅游景点达4000余处；价值高，历史悠久，规模宏大，在国内外有一定影响的寺院就有20余座；潜力大，大部分地区处于待开发状态。

具体地讲，青海地处"地球第三极"青藏高原，平均海拔3500米以上，境内地貌类型齐全，高山上有冰雪，山间有河谷与盆地，呈现出远看是山、近看是川的形态，其东部地区有明显的青藏高原向黄土高原过渡的特点。青海有久远的历史，是人类文明的发祥地之一，留下了奇特的文物古迹。从两三万年前旧石器时代的遗存到汉代以来的古墓葬、古城遗迹及石刻、岩画和古建筑、古道等都深深地打上了青海高原的烙印。

在青海世居的民族中，土族、撒拉族的风俗习惯及诸多文化要素在全国是独特的；海东及其周边的安多文化类型、玉树的康巴文化类型等明显有别于国内其他藏区；汉族、回族、蒙古族文化深受省内其他民族的影响，民族风情也有别于国内其他地区的同一民族。青海境内的大部分藏族、土族、蒙古族及部分汉族群众所信奉的藏传佛教，回族、撒拉族群众几乎全民信仰的伊斯兰教，都有各具特色的教派分类、信仰体系等，形成了与其他省区宗教文化互为纽带又独具特色的格局。各族群众在与自然界的漫长斗争中，形成了适合在青海高原生存的高原民族个性。总之，青海旅游资源极富民族和地方特色，其中不乏可作为体育旅游的项目，如登山、高原穿越、野外探险和汽车拉力等。

4. 宁夏

宁夏旅游自然资源的特点和优势：一是气候资源。宁夏气候适合避暑。银川市七八月份的平均气温一般在20℃上下，昼夜温差在12℃以上，是全国大中城市中暑期最凉爽的城市之一。如果从避暑的角度对宁夏的旅游资源加以开发，其发展前景十分良好。二是贺兰山、六盘山、牛头山旅游资源。大山从古至今都是吸引游客的场所。贺兰山横亘大漠，俯瞰黄河，为全国名山之一；六盘山、牛头山也具有极佳的旅游开发价值。三是黄河与其他湖泊组成的湖泊旅游资源。黄河蜿蜒于宁夏中北部，流程392公里，水质好，流量大，河床稳定，造就了"天下黄河富宁夏"的"塞上江南"美景。对黄河与湖泊旅游资源的开发，会使"塞上江南"更美。

宁夏旅游人文资源的特点和优势：一是民族特点。宁夏是我国境内最大的回族聚居区，回族文化对于汉族和其他少数民族来说充满神秘感，并具有很强的吸引力。二是历史特点。宁夏有众多的古战场、古长城和其他古迹，尤其历史上形成的独具特色的西夏文化，更具有丰厚的历史底蕴。三是原始文化特点。宁夏境内发现了"水洞沟"等多处旧石器时代、中石器时代古人类文化遗址，发掘和开发这些遗址，对吸引游人和开展历史教育都是极具价值的。四是影视文化特点。近年来，国内一些著名电影人以宁夏天高云淡、戈壁旷野的原始风貌为背景拍摄了一些轰动全国的影视片，吸引了全国人民的目光。宁夏还建造了两个别具一格的影视城，成为新的旅游景点。近年来，宁夏利用自身的资源特点，已开展了诸如黄河漂流、沙漠探险、摩托车游等多种特色鲜明的体育旅游活动。

5. 新疆

新疆地处亚欧大陆中心，面积166.49万平方公里，约占全国总面积的1/6。新疆是以维吾尔族为主体的少数民族地区，全区内共有56个民族，少数民族人口占该区总人口的一半以上。从地形地貌来看，新疆可被形容为"三山夹两盆"，北部有阿尔泰山脉，天山山脉横亘新疆中部，南部是昆仑山脉。准噶尔盆地位于阿尔泰山和天山山脉之间，塔里木盆地位于天山和昆仑山脉之间。

得天独厚的自然资源和丰富的民族文化旅游资源是新疆大力发展体育旅游项目的基础。积极开发高山景观、草原风光、风景名胜等面向大众休闲和具有少数民族风情的旅游产品，在建立以喀纳斯湖为主的生态旅游区，以博斯腾湖和天池为主的风景旅游区，以吐鲁番为主的古文化遗址旅游区和以喀什为主的民俗风情旅游区的同时，结合维吾尔等民族的欢宴歌舞以及该民族所擅长的"达瓦孜"（高空走绳）、摔跤、荡秋千、跳压板、赛马、马术、叼羊、射箭、游泳，以及马戏等传统体育活动，辅之如新疆天山山脉博格达区域等的山峰徒步旅游类体育旅游项目，完全可以打造出新疆的特色旅游。

（三）广西和内蒙古的体育旅游资源

1. 广西

广西地处云贵高原的东南边缘，四周被山围绕，呈盆地状，有"广西盆地"

之称。奇特的喀斯特地貌、灿烂的文物古迹、浓郁的民族风情，使该地旅游资源独具特色，多姿多彩，是全国旅游资源类型最多、景观最齐全的省区之一。广西还是大西部概念中唯一的沿海省区，沿海岛屿、港湾众多，也是西部唯一可开发帆船（板）、冲浪、潜水、滑水、滑伞、海水浴等海上和海底体育旅游项目的省区。

广西拥有多彩的民族风情旅游景观和独具特色的旅游地貌景区。广西地层出露完整，地质构造复杂，在漫长的地质年代里孕育出了极其丰富的旅游地貌资源。广西既有以桂林的"三山两洞一条江"、柳州的"两山两洞一个潭"、南宁的伊岭岩及左江风光为代表的喀斯特地貌旅游区，又有资江八角寨丹霞地貌旅游区、藤县太平狮山丹霞地貌旅游区；既有以国家自然保护区"华南第一峰"猫儿山、国家重点风景名胜区桂平西山、自治区风景名胜区元宝山等为代表的花岗岩地貌旅游区，以及北海的银滩国家旅游度假区、防城港的江山半岛景区，还有金秀大瑶山的砂岩地貌旅游区。此外，广西的植物资源和水资源也十分丰富，其主要河流水流急、落差大、含沙量小、弯曲峡谷险滩多，适宜开发风景旅游区。

广西还是我国五个少数民族自治区之一，壮族的歌、瑶族的舞、苗族的节、侗族的楼等，都各具特色。典型的旅游地貌资源与多民族文化的结合，使参与性强以及求新、求异的旅游项目成为广西旅游的特色。

2. 内蒙古

内蒙古位于祖国北部边疆，由东北向西南斜伸，呈狭长形，东西长约2400公里，南北最大跨度1700多公里。总面积118.3万平方公里。横跨东北、华北、西北地区，内与黑龙江、吉林、辽宁、河北、山西、陕西、宁夏、甘肃8个省区相邻，外与俄罗斯、蒙古国接壤，边境线4200多公里。地貌以高原为主，大部分地区海拔在1000米以上，东部是莽莽的大兴安岭林海，南部是富饶的嫩江平原、西辽河平原和河套平原，西部是浩瀚的腾格里、巴丹吉林、乌兰布和沙漠，北部是辽阔的呼伦贝尔、锡林郭勒草原。气候属温带大陆性季风气候，夏季气温在25℃左右，冬季中西部最低气温低于—20℃，东部林区最低气温低于—50℃。一望无际的草原、广袤的原始森林、星罗棋布的高原湖泊、浩瀚的沙漠，以及大量的珍稀野生动植物，无不显示出北部边疆特有的迷人景色。内蒙古作为古代北方少数民族驰骋的历史舞台，先民们还在这里为我们留下了许多文物古迹。

当今世界旅游发展的趋势，一是回归自然，返璞归真；二是参与性增强，体现自我价值。内蒙古旅游资源的特点完全符合未来旅游的发展趋势以及国内旅游已经出现的从大都市、著名风景区向偏远地区转移的客源流向趋势。蒙古族人民勤劳勇敢、淳朴善良、坦诚直率，并且素有开展民间体育运动的优良传统。牧区的男女老少都善于骑射，草原上一年一度的那达慕（蒙古语，意为"游艺"）大会就是以群众性体育竞技为重要内容的活动。传统的竞赛项目有赛马、摔跤、射箭等，自20世纪80年代起，摩托车比赛也成为那达慕大会的竞技项目，各项竞赛的优胜者是草原的英雄，享有盛誉。对蒙古族的那达慕、达斡尔族的春江放排、鄂温克族的牧场欢歌等少数民族传统活动的进一步开发利用，会使内蒙古原本具有的体育旅游项目更能展现出迷人的民族文化风采。

从上述情况可以看到，整个西部地区除拥有大量的享誉中外的历史文化遗产之外，各个省区都拥有得天独厚的，甚至是唯一性或排他性的自然旅游资源，以及众多以各少数民族为典型代表的、独具特色的风土人情等人文旅游资源。多姿多彩并富有特色的旅游资源，为西部体育旅游等特种或专项旅游项目的开展奠定了坚实的基础。在西部大开发战略实施过程中，各地应抓住机遇，开发一批前景看好、潜在效益突出并具有明显地方特色的体育旅游产品。

二、西部地区体育旅游资源开发的原则

西部地区体育旅游资源开发利用的目的有三个，其一就是为了发挥西部地区具有民族特色的资源优势，把资源优势转化为产业优势，最终把产业优势转化为经济优势；其二就是通过开发利用把西部地区的民族文化传承下来，做到对民族文化的扬弃；其三就是为建设和谐社会的新农村做出一份贡献。为达到这些目的，必须向游客提供能拨动其"心弦"的东西，只有这样才能满足游客猎奇、寻古、求新、求异的心理要求。因而在开发利用西部地区体育旅游资源时，要尽可能在民族特色和地方特色上下功夫。西部地区体育旅游资源在开发利用过程中须遵循以下几个原则：

（一）民族性原则

这是指开发利用的体育旅游项目必须体现出当地民族的气息，展现当地民族的风情，推出的体育旅游产品必须体现各民族原汁原味的特色。要做到这一点，必须深挖各民族体育项目的历史，弄清其产生的原因、体育项目所表达的内涵，以及各个动作所喻示的内容。

（二）文化性原则

文化是旅游业的灵魂，旅游是一项能增知启智的活动。因而在开发体育旅游资源时，在设计体育旅游项目时，要高度重视项目的文化含量。不过也应注意一点：文化有积极的一面，也有消极的一面。因而在开发体育旅游项目时，在挖掘其文化内涵时须摈弃糟粕，即落后、迷信的成分，把积极、健康的东西提炼出来。

（三）环保性原则

旅游资源开发与生态保护二者是相辅相成、有机联系的矛盾统一体。旅游资源保护得好才具有开发价值，而开发利用又能推动和促进保护工作的开展。旅游业从本质上来说是以追求人与地、人与天的和谐为"卖点"的。我国西部地区总体生态环境脆弱，人们的环境保护意识相对薄弱。因此，在体育旅游资源开发过程中，要求从业者必须从自身的利益出发，协调开发与保护的关系，既要树立高起点、出极品的战略意识，又要避免重复建设与"低投入，高产出"办体育旅游的急功近利思想和"非耗竭性消费"理论的误导，防止资源供需的失衡、生态环境的破坏。

（四）可持续发展原则

在开发体育旅游资源时要遵照体育旅游可持续发展的原则。旅游可持续发展实质上就是在体育旅游与自然景观、人文资源和生态环境和谐统一的条件下开展体育旅游活动，进行体育旅游开发和发展。保护与改善体育旅游环境，合理开发、利用资源，其目的在于促进体育旅游经济的可持续发展。

三、西部地区体育旅游资源开发的思路

（一）西南地区体育旅游资源的开发思路

1. 加大体育旅游资源的开发力度，增强市场竞争力

虽然西南地区的体育旅游产业已有一定的发展，但与其拥有的巨大的体育旅游资源还很不相称，体育旅游的市场还有待完善。其资源的开发、满足游客个性的消费、配套设施的建设、经营规模的形成，还有待努力。因此，可以在旅游景点因地制宜地兴建各种体育设施，如滑雪场、网球场、水上运动场等，开展各种特色体育旅游项目，以此来吸引体育旅游者。

2. 加强体育旅游的宣传活动，突出民族地区的体育旅游特色

旅游宣传的投入是具有高回报的。据香港旅游协会的资料显示，每增加1美元的宣传投入，就可增加旅游收入123美元。事实上，也确实有许多国家在旅游业的宣传上不惜投入巨资，特别是对新兴的体育旅游的宣传更是不遗余力，以求把市场做大。当然，体育旅游的宣传有别于常规的旅游介绍。国内成功的例子也不少，如云南大理的旅游、体育主管部门与国际体育中介公司共同主办了"大理国际七星越野挑战赛"，比赛通过电视转播，在展现运动员风采的同时，也全面展示了大理风光，大大提高了大理的知名度，取得了很好的效果。西南地区是少数民族聚集地，各民族在历史发展进程中形成了种类繁多、风情浓郁的具有民族特色的体育项目及活动，如赛马、赛龙舟、泼水、射箭等。在宣传推介体育旅游时一定要突出这些民族和地区特色。

3. 大力培养体育旅游指导员

体育旅游指导员是指在项目和旅游地的选择上以及在参与过程中能够给予体育旅游者一定示范和科学指导的人员。体育旅游比起一般的旅游活动有一点不同，就是参与者要有一定的专业知识，如登山、蹦极、攀岩等探险型的项目就需要从业人员给予体育旅游者技术和安全上的指导，因而体育旅游指导员就必不可少。成为一名体育旅游指导员必须具备的条件是：首先，他应是体育爱好者或者是专业人才，会各种相关的体育项目；其次，他要有足够的旅游知识，能够在体育旅游项目的推广上起到形象大使的作用，在新项目的参与上起到示范和带头的作用，在普通项目上起到指导和鼓励消费者参与的作用。西南

地区的体育旅游要蓬勃发展,就必须培养一定数量的体育旅游指导员。全国有很多的大中专院校设置了旅游专业,在招收学员时可以选择身体素质好、有一定体育基础的人,并加以培养,或者为体育专业人才提供旅游相关知识的培养,都能在一定时间内获得大量的此类人才。

4. 多开发主题鲜明的体育旅游产品,提高体育旅游者的参与性

主题旅游是旅游发展的一项趋势,它也更能带动相应的旅游项目发展,但体育旅游由于发展历史相对较短,在民众中影响力不是很大,也就是说,消费者还没有完全接纳它。因此,除了大力做好宣传外,还应多开展主题鲜明的体育旅游活动,提高人们对体育旅游的认识和参与热情。

5. 把扶贫开发与体育旅游开发结合起来

我国部分西部地区为贫困地区,在这些地区发展旅游业是由纯救济型扶贫向开发式经济扶贫转移并进行深化和具体化的重要途径。建议政府可安排或利用扶贫资金,实施一些包括体育旅游在内的扶贫项目,如建立民族体育舞蹈团队、民族传统体育服饰生产厂、民族传统体育旅游器械生产厂、体育旅游服务公司等,通过旅游开发带动少数民族群众直接或间接脱贫致富。

6. 开发建设好三个传统体育旅游区

基本思路:川西北重点开发藏族、羌族民族传统体育旅游;滇西南重点开发傣族、白族、纳西族、彝族民族传统体育;黔东南、黔西南则以开发苗族、布依族体育风情系列旅游为主。各项目在具体实施时,要力求提高其文化品位,保持其民族特色。

(二)青藏高原地区体育旅游资源的开发思路

1. 青海体育旅游资源的开发思路

青海是我国的"夏都"。其特色旅游主要有鸟瞰西宁、青海湖风光游、可可西里探险游、都兰狩猎、诺木洪文化遗址游、塔尔寺观光游、万丈盐桥奇观游、盐湖景观游(察尔汗盐湖、茶卡盐湖)、民俗民风体验游等。

在体育旅游资源开发方面,可考虑以下开发思路:

(1)与邻近省份合作,推出特色体育旅游产品,如西宁—日月山—青海湖—茶卡盐湖—昆仑旅游区—敦煌—嘉峪关—张掖—大通森林公园旅游。

(2)利用已有体育旅游产品开发基础,打造特级体育旅游产品,如由"环

青海湖国际公路自行车赛、国际抢渡黄河极限挑战赛和青海高原国际攀岩赛"三大赛事组成的活动，可命名为"中国·青海国际铁人三项赛"。

（3）加强省内区域合作，推出观光+探险旅游产品，如可推出"西宁—互助民俗村—大通森林公园—海北原子城—青海湖—日月山"或"西宁—城南新区—塔尔寺—群加国家森林公园—李家峡—坎布拉森林公园"等旅游产品。

（4）利用青海丰富的山地资源，深度开发登山旅游产品，如进一步开发玉珠峰（含玉虚峰）、阿尼玛卿峰、各拉丹冬峰及新青峰等山峰。

2. 西藏体育旅游资源的开发思路

到目前为止，西藏有各级文物保护单位251处，其中，国家级重点文物保护单位27处，自治区级重点文物保护单位55处，地（市）、县级文物保护单位169处。根据旅游资源的分布状况及其特征，西藏自治区旅游局已规划出五大旅游区，即以拉萨为中心的文化观光旅游区，以登山、徒步为主的后藏旅游区，以生态、科考为主的藏东南旅游区，以雅砻河谷风景名胜为主的观光旅游区，以野生动物观赏和朝圣为主的藏北旅游区。

在体育旅游资源的开发方面，因西藏自治区体育旅游资源主要分布在藏北、那曲、当雄、江孜、日喀则、林芝等地区，以及雅鲁藏布江、拉萨河流域，所以其开发思路可着重推出以下体育旅游线路：

（1）藏北草原腹地探险游，线路为：拉萨—纳木错—崩错—班戈—月珠—色林错—双湖办事处—可可西里无人区—露营地—安多—那曲—拉萨。

（2）羌塘草原赛马会旅游，线路为：拉萨市内—那曲—那曲镇—拉萨。内容有参观布达拉宫、哲蚌寺、八角街、羊八井地热区，攀登念青唐古拉主峰和观看赛马节。

（3）日喀则地区推出珠峰之旅、红河谷之旅及雅江源之旅等。线路分别为拉萨—日喀则—萨迦—拉孜—定日—珠峰—聂拉木—樟木；拉萨—日喀则—江孜—亚东—江孜—拉萨；拉萨—南木林—日喀则—谢通门—拉孜—昂仁—萨嘎—仲巴—萨嘎—樟木。其线路特色依次为观赏名山大川、自然生态和登山、探险、科考相结合的旅游区；历史古迹、民族风情、田园风光、市容市貌和旅游购物相结合的旅游区；集自然风光、草原生态和民族风情于一体的观光游览旅游区。

（4）雅鲁藏布大峡谷探险游，线路为：拉萨—林芝—排龙（汽车）—门中—绒扎瀑布—扎曲—巴玉—藏布巴东瀑布群—巴玉—扎曲—排龙—林芝—拉萨。旅行方式为汽车和徒步相结合。

（三）西北地区体育旅游资源的开发思路

1. 凸显西北地区的地域特色和民族传统体育特色，创建"三优"开发模式

西北地区虽然没有热带雨林气候、热带海滨风光等自然旅游资源，但是，这里有辽阔的草原，浩瀚的大漠、戈壁，峻峭的雪山，还有灿烂的黄河文化、长城文化、西夏文化、丝路文化等。多种文化融为一体，交相辉映。在体育旅游资源开发和建设中要充分展示西北地区原始、神秘、浩瀚、雄浑的自然景观和粗犷、淳朴、浓郁、瑰丽的民族风情及深厚的文化底蕴，突出西北地域特色和民族特色。坚持"人无我有，人有我优，人优我精"的原则，不盲目照搬照套。树立起区别于其他省区的体育旅游形象，高起点、高立意、高水平进行规划和开发建设，创造性地塑造体育旅游品牌，开创依托独特优势资源开发优势产品，依靠优势产品发展优势产业，进而带动全区整体发展的"三优发展"模式。

2. 以旅游需求市场为导向，有计划地进行体育旅游资源开发

旅游资源开发是一项向旅游市场推销旅游产品的经济技术系统工程，其实质是要把旅游资源变成现实的旅游吸引物。目前，西北地区旅游资源还处于"有什么就开发什么"的资源开发阶段，或者说正处于"人家干什么我干什么"的模仿开发阶段，还未跨越到"以市场为导向"进行开发的第三阶段和"引导市场"进行开发的第四阶段。开发产品、销售产品必定要尊重经济规律，要高瞻远瞩，高屋建瓴地进行，既要考虑到国内游客的需求，又要考虑到国外旅游者的喜好。在开发初期，要以质量为本，分步向前推进，减少重复建设和资源浪费。应选择经济发展较好、体育社会化程度较高、体育旅游资源相对密集、市场需求较大的地区先行开发，形成区域性体育旅游的核心地带，并以此辐射、渗透和带动整个西北地区体育旅游的发展。

3. 在开发体育旅游资源时要加强政府的宏观管理，实行区域联动，共同发展

西北地区在开发体育旅游资源时，省内、省际都应在政府的统一协调下，

理顺各个部门在旅游资源开发中的关系，消除体制上的障碍，统一思想，统一认识。旅游局、体育局以及相关的各个部门携手合作，加强地区间、城市间的经常性、稳定性的联系与协作，统筹规划，科学管理，因地制宜。坚持"有所为，有所不为"的原则，建立有序、配套的市场竞争机制，避免无序竞争。保证体育旅游资源开发的公正性与平等性，使体育旅游资源得以合理地开发和利用。对现有的体育旅游资源进行挖掘、整合，特色互补，联手打造区域性的体育旅游资源基地，建立多元化的体育旅游资源网络，实现资源共享。

4. 实施多样的体育旅游资源开发模式

西北地区要充分利用地区的自然资源和人文资源条件，结合少数民族的各种节庆习俗活动，依托多种资源综合开发体育旅游资源，突出优势与合力，强化品牌意识，逐步形成垄断局面，扩大影响，提高体育旅游资源的知名度和整体实力。可采用"体育活动+自然旅游资源""体育活动+人文旅游资源"及"体育项目+自然旅游资源+人文旅游资源"等模式。

第二节 西部地区的体育旅游产品开发

一、体育旅游产品的概念、特点与开发原则

（一）体育旅游产品的概念

体育旅游产品是整个体育旅游开发活动的核心，是旅游业中的专项产品和一切体育旅游服务活动的主体。当前，社会上对体育旅游产品还没有一个比较明确一致的界定，一般认为，体育旅游产品是指旅游企业为了满足旅游者在体育旅游活动中的各种需要而凭借各种设施、设备和环境条件向游客提供的全部服务要素的总和。它包括构成旅游过程中体育经历的服务、活动与利益的综合体，并由五个要素组成：体育旅游目的地吸引物、目的地设施、可进入性、形

象与价格。

（二）体育旅游产品的特点

在体育旅游产品中，既有参与性体育旅游产品，也有观赏性体育旅游产品。参与性体育旅游产品主要有：登山、徒步、划船、漂流、高尔夫、保龄球、峡谷探险、冲浪、滑雪、攀岩、自驾游等；观赏性体育旅游产品有武术绝技表演、户外赛事观赏、民俗体育表演等。但无论是参与性体育旅游产品还是观赏性体育旅游产品，都具有明显的自我特征。在这些特征中，体育旅游产品既具有旅游产品的共性，也有不同于一般旅游产品的特点。

1. 健身性

体育旅游产品的核心特征在于体育，而体育的实质在于运动，在于人类体质的增强和身心机能的提高。因此人们常说"生命在于运动"，锻炼是健康的保证。当然体育运动的类型有多种，健身活动的方式也多种多样，如人们可以选择在公园跑步、在室外空地进行球类活动，也可以选择在室内活动筋骨、使用器械锻炼等。但由于现代社会人们的生活十分忙碌，专门抽时间从事体育锻炼的愿望难以实现，且单纯的健身手段难免会降低人们的兴奋度，而体育运动与旅游的结合，则刚好将人们对健身的追求和休闲游玩的愿望统一起来。喜欢健身的消费者往往选择休假期间去参加爬山、划船、游泳、越野、登山等活动。因此参加体育旅游活动，既可以锻炼身体、挑战大自然、增进健康，又可欣赏异地文化与山水风光，愉悦身心。特别是对于长期居住和工作在城市里的人们来说，参加体育旅游活动，对于调节忙碌的工作节奏、摆脱枯燥乏味的程式化生活很有帮助。

2. 大众休闲性

体育旅游活动是一种老少皆宜的旅游方式，不同的体育内容可适应不同人群的需要。因此不仅受到青少年的欢迎，而且也受到了许多中年人、老年人的青睐。许多体育旅游项目适合不同年龄层的消费者，如野外垂钓、划舟、登山、户外自行车等项目，从少年到老年人都可以参加。现代都市人生活节奏快、工作压力大，通过参加体育旅游，和朋友一起边聊边玩，可以达到放松心情、休闲的目的，在体育旅游中观赏各种大型表演活动，如飞行、跳伞、航空表演等，会使人心情愉悦激动，使人们平时的生活压力得到彻底释放。

3. 体验性与参与性

传统的旅游产品以观赏为主，人们在游历中得到的更多的是一种文化与自然风光的观赏经历。而参与性体育旅游产品的开发，大大增加了游客对异域文化与自然魅力的体验深度，得到的更多的是一种对当地风土人情的了解，以及对山水风光的深度发掘，如探险活动可以给人刺激感与兴奋感，从而给人留下终生难忘的经历。勇敢的人喜欢探险旅游、挑战大自然、挑战自我，并乐此不疲。平日生活平淡的人们通过参与旅游体验，在与大自然的接触中感受到乐趣，从而为生活增添色彩。

（三）体育旅游产品的开发原则

1. 市场需求导向原则

体育旅游产品的开发具有典型的市场开发特征，旅游市场需求是体育旅游产品产生、发展和消亡的直接决定性因素。因此体育旅游产品的设计与开发，必须与当前体育健身市场和旅游市场需求相适应，以旅游者健身娱乐等需求为中心，来满足体育旅游产品市场竞争的需要和实现体育旅游产品的价值。首先要特别重视体育旅游市场的调查细分、定位和论证，掌握体育旅游市场的现状与发展变化动向，始终坚持以市场为起点和终点，从而确定体育旅游产品设计与开发的导向和规模。体育旅游产品设计与开发的市场导向确立后，必须进行深入调查和论证，研究影响当前体育旅游需求的各种因素与指标，进行市场细分和定位，并通过建立科学的理论模型与方法，预测一定时期内的旅游需求量及其变化趋势，从而最后确定体育旅游产品开发的进程、深度和规模，以获得最佳经济效益。

2. 综合开发原则

综合原则包括两个方面：一是体育旅游产品开发要追求综合效益。体育旅游产品开发要以市场经济为导向，以社会文化效益为目标，以生态平衡为杠杆，追求生态、经济、社会三者的综合效益。因此体育旅游产品开发是三者的综合开发。二是体育旅游产品要注意与其他旅游产品的搭配开发，通过共生互补取得综合优势。

3. 重视特色，突出主题原则

主题与特色是旅游产品的灵魂，是旅游吸引力的主要源泉和市场竞争的核心。体育旅游产品的主题是对体育旅游产品及其相关因素进行组合所形成的内在的、统一的形象或基调。主题的设计与塑造要重视特色，特色也可以通过主题来体现。自然状态中的体育旅游资源在开发之前往往属于普通资源的类型，品质较大众化，但经过人为的提炼与内在组合后就会给人耳目一新的体验。例如，青海湖的旅游资源经过自行车赛事、高原和民族文化的内在组合后，打造出了其特色主题。因此，体育旅游产品的设计与开发，就是要根据对资源特色、市场需求、定位和环境条件的综合分析，经过概括、提炼、组合等环节突出主题和特色，并最后通过强化、充实、剪裁、协调、烘托和创新等手段加以实现。西部地区的地理地貌、历史文化和民俗风情等都是体育旅游产品开发中特色和主题提炼的重点。

4. 系统开发，协调发展原则

该原则也包含两个方面：第一，由于旅游活动的性质和内在要求，决定了旅游产品具有显著的综合性，因此完整的体育旅游产品开发必然也包括吃、住、行、游、娱、购等各方面的需求的满足，其经营开发过程涉及各个方面，牵涉诸多性质、功能不同的部门和行业。所以，体育旅游产品的设计与开发必须合理统筹、系统规划、全面协调发展，促进体育旅游要素的合理配置，才能保证体育旅游活动的正常进行，从而获得最佳的经济效益和社会效益。第二，体育旅游业自身具有很强的产业关联性和依托性。旅游产品开发中体育休闲、山水风光、历史文化等旅游资源是一个整体，因此体育旅游开发与整个旅游资源的开发是紧密融合在一起的。如果把体育旅游与整个旅游资源的开发背景独立开来，就将大大降低其优势。因此，在我国西部地区体育旅游产品开发过程中，必须树立"大西部""大旅游""大市场"的观念，把西部地区旅游业开发作为一个整体，把西部地区体育旅游产品的开发置于整个西部大开发中，才能有效地促进其发展。

二、西部地区体育旅游产品的体系及其组合

（一）西部地区体育旅游产品的类型与体系

体育旅游产品体系指按照一定的分类标准和排列顺序组成的产品类型、产

品名称、产品数量及其相互关系的总和。根据体育旅游产品的性质以及研究方便的需要，西部地区体育旅游产品体系主要由以下类型构成：

1. 山地户外与休闲赛事类

我国西部地区地域辽阔，地理人文资源丰富，千万年的特殊地质构造运动，形成了举世闻名的山脉、高原、盆地。西部地区是我国地势最高的地区，这一区域内地质条件复杂多样，山脉纵横，山川秀丽，又是众多河流的发源地，拥有一大批国家级自然保护区和国家级风景名胜区，如四川的九寨沟、黄龙，云南的西双版纳、石林、香格里拉、丽江等，是全国自然旅游资源规模宏大、数量较多、种类齐全、品位较高的区域，这些都为西部地区开展体育旅游活动提供了良好的生态环境和空间资源。相关部门在这一区域举办了一批国内外顶级户外赛事，造就了一批知名品牌，如环青海湖国际公路自行车赛、甘肃嘉峪关"长城杯"铁人三项赛、云南七星国际越野赛、银川国际摩托旅游节等。

2. 湖泊河流类

西部地区是世界著名的长江、黄河、澜沧江的发源地，地处大江大河的上游和中游地区，河道险峻，鬼斧神工，浑然天成。西部地区还是我国面积最大的内陆河流域，这一区域有著名的塔里木河、伊犁河、额尔齐斯河等。同时，西部地区湖泊众多，青藏高原的湖泊面积约占我国湖泊面积的一半。西部地区的溪流峡谷、瀑布等资源也非常丰富，造就了一大批著名的旅游资源，如黄果树瀑布、九寨沟瀑布、黄龙寺瀑布等。这些丰富的水资源为开展漂流、溯溪、赛龙舟等体育活动提供了优质的地理条件。例如，三峡漂流、黄河漂流、攀枝花国际漂流节、三江并流探险等活动就是在该地区举办的。

3. 现代赛事观战类

体育赛事是激发旅游动机的强大吸引物，也是旅游者的盛会。西部地区近年承办与开展了一系列国内外体育赛事，产生了旅游、消费等良好的关联效应。例如，云南的昆明市海埂训练基地、红塔训练基地等；广西具有独特的气候条件和人文自然环境，因此拥有众多体育项目的训练基地，如梧州的青少年足球训练基地、柳州的女篮训练基地、武鸣的射箭训练基地、南宁的手球训练基地等。同时广西每年都要举行一些跳水、帆板、举重以及全国性的足球联赛等大型体育赛事。这无疑增添和丰富了西部地区体育旅游的产品种类和市场需求点。

4.民族传统体育类

作为民俗文化重要内容的民族传统体育活动在西部地区已经得到了广泛的开展和流传,有深厚的群众基础和较高的水平。同时,许多体育工作者通过艰辛的努力,对西部地区民族传统体育项目进行了考察、挖掘、整理和推广工作,尤其是近年来通过全国各级少数民族运动会的举办,以及相关专家对民族传统体育的普及推广及相关科研活动所做的大量工作,使得西部地区民族传统体育具有了一定的规模水平,形成了较完整的体系。据统计,西部地区的民族传统体育文化项目就有700多项,无论是与少数民族生活联系密切的射弩、叼羊、骑毛驴等体育项目,还是蒙古族的那达慕大会、苗族的龙舟节、侗族的赶歌节等民族节庆体育活动,都因其独特性和稀有性而对游客产生强大的吸引力。该地区带有竞赛性质的传统项目有赛龙舟、高脚竞速、射弩、抢花炮、陀螺等,它们不但有较完整的竞赛及裁判规则,而且形成了相应的训练体系,因此也是各级民运会的竞赛项目。在健身娱乐方面有丰富多彩的体育舞蹈、民族体操、体育游戏、武术等项目。比如,少数民族的体育赛事与舞蹈有赛龙舟、摆手舞、赛马、摔跤、斗牛、斗羊、斗鸡、射箭、射弩、马术、上刀杆、过溜索、珍珠球、秋千、武术、舞龙、舞狮等,体育游戏有打陀螺、爬竿、跳月、泼水等项目,而这些都将为民族传统体育旅游产品的开发提供良好的素材与载体。

(二)西部地区体育旅游产品的组合

体育旅游活动与其他旅游活动一样,基本也包含了食、住、行、游、购、娱等旅游要素,但每一个体育旅游产品的推出都必须有它突出的主题与特色。主题是现代旅游产品的灵魂。游客都有一个主要的出游目的,以及一个主要的价值追求与体验目标,体育旅游产品的开发应该以满足游客的心理需求为基础。体育旅游作为一种具有强烈参与性与体验性的产品,同时作为整个旅游活动的一种类型,很难也没必要单独从其他旅游活动中分离出来,因此应以体育旅游产品为基础进行自身的组合以及与其他旅游产品的组合来调动、调整、迎合游客的心理预期。因而体育旅游不能单调、乏味,应是一项综合性旅游活动,要采用多种活动组合的形式来丰富体育旅游的内容,从而最大限度地满足不同目标消费市场的需要。体育旅游产品的组合方式可从以下几个方面考虑:

1. 体育旅游产品的项目组合

项目组合是体育旅游活动的组合。一个体育旅游产品如果内容太少、过于单一，就不能最大限度地提升体育旅游产品的自身价值与附加值，无法激发游客的兴趣。项目的组合有两种类型：一种是各种不同性质的体育旅游产品合理搭配在一起，不断使游客保持饱满的兴趣和兴奋度，如一年一度的重庆国际户外越野挑战赛，在重庆东南部的武隆县境内的天生三桥、仙女山国家级森林公园、芙蓉江等著名旅游景区举行，并设有峡谷溯溪越野、暗河探险越野、穿洞探险越野、攀岩比赛、森林定向越野、山地徒步越野、山地自行车比赛、大江皮划艇漂流等比赛项目。通过运动项目的合理设置与组合最大限度地提升赛事的旅游吸引力和游客的参与度。另一种是在体育类项目中安排休闲、观光等非体育类项目，提升体育旅游产品的附加值。

2. 体育旅游产品的时间组合

时间组合是体育旅游过程中长短强弱节奏的组合。体育旅游产品的设置要根据体育项目的性质、体力消耗等科学地组合在一起，使游客在旅游过程中既能够在一定的活动中强身健体，又能够在精彩的体验中感到快乐与愉悦，而不至于半途就体力不支、劳累不堪。因此，在体育旅游产品的时间组合中，体育旅游活动要衔接得紧凑而不紧张，其过程要舒缓而不拖拉，如将体育参与性项目与体育观赏性项目，体育参与性项目与体育观光性项目在游览进程中进行合理搭配，使游客在游览过程中体力支出与合理休息的时间得到科学的组合。

3. 体育旅游产品的空间组合

空间组合是指体育旅游目的地在一定地域空间上的组合。在体育旅游产品的开发和组合时，需要营造合理的空间布局和密度。西部地区地广人稀，景区与景区之间的空间分布较为分散，距离较远，游客花费的交通时间长，不利于体育旅游产品的集中开发。因此，在开发中除了交通、通信等配套设施的完善外，还要非常注意产品合理的空间布局与分布，尤其要根据地理地貌特征因地制宜地设置相关项目。

4. 体育旅游产品的游客组合

游客组合是针对不同的消费者层次和群体所进行的组合，从而根据不同的体育旅游消费市场细分来分门别类地开发体育旅游产品，如根据消费者参与形式可分为组团旅游、散客旅游、家庭旅游、商务旅游等；或者根据消费者不同的年龄组合，如按老年人、中年人、青少年等年龄分类等。因此要根据不同的消费者类型推出不同类型的体育旅游产品，如组团游客大都集中在开发较为成熟的旅游目的地，而散客喜欢穿越、徒步等野外户外探险活动；老年人喜欢休闲类运动量较小的项目，而年轻人喜欢刺激、冒险、挑战等类型的体育旅游项目。因此应根据区域资源特征和游客细分特征开发适宜的体育旅游产品。

5. 体育旅游产品的配套功能组合

体育旅游产品是旅游产品的细分类型，具有其他旅游产品的共同特征。游客除了在体育旅游过程中追求体验、休闲与健康等目的之外，还应围绕其特色增加其他服务功能，在配套的食、住、行、游、购、娱的旅游六要素方面提高服务品质，使游客在体育旅游过程中"来得畅，住得下，吃得香，游得乐，购得好，走得顺"，并经常更新服务方式和类型。

三、西部地区体育旅游产品综合开发的思路与措施

（一）统筹规划，系统开发

西部地区体育旅游产品的开发需要政府与行业协会等相关部门和组织的统筹规划和协作，尤其是政府体育部门和旅游部门在发展规划中要具备对体育旅游产品开发的思想和整体思路。体育旅游产业具有很强的产业关联性和依托性。西部地区的山水风光、运动休闲等旅游资源优势是一种整体优势，因此西部地区体育旅游是与西部整个旅游资源的开发紧密融合在一起的，如果把体育旅游独立开来，就将大大降低其优势。同时，西部地区体育旅游产业发展本身具有很强的区域联系性，因此在西部地区体育旅游产业发展过程中，必须具备大西部、大旅游、大市场的观念，必须把西部地区旅游产业开发作为一个整体，把西部地区体育旅游市场的开拓放到整个西部旅游发展甚至整个西部大开发中去，才能挖掘其发展潜力，拓宽其发展空间。在其产业化过程中，要注意充分发挥西部地区各省区政府的扶持和引导作用，在旅游基础设施建设、体育旅游资源和产品开发、市场的培育和规划、人才的培训和引进等方面通力合作，实现西部地区产业间和地区间的"资源共享，优势互补"，从而实现共同发展。

（二）加快体育旅游产品线路的整合与开发

体育旅游产品开发中的一个重要内容就是线路的规划与整合。应该在一定的地域范围内，根据产品组合和市场需要推出适宜的旅游线路。当然，线路的开发离不开旅行社的参与和支持。旅行社和旅游公司是为国内外旅游者安排旅游项目的策划者，所以西部地区体育旅游产品的开发，很大程度上取决于旅行社和旅游公司的参与、举荐、宣传、推销和部署。各旅行社和旅游公司在开展西部旅游业务中应将体育活动与游览西部地区风景名胜相结合，加强对旅游者市场的引导，尽量设计更多适于开展体育运动的产品。此外，旅行社和旅游公司还要培养专业的体育导游人员，从而提供完善的配套服务。西部地区需要建立各种专业的体育旅行社和体育旅游公司，开展和完善专门的体育旅游服务。目前西部地区各省区市大多建立了各类国际体育旅行社和国际体育旅游公司，也出现了部分社会投资的专业户外体育运动俱乐部和运动公司。

（三）政府主导与市场导向相结合

西部地区体育旅游产品的开发还处于一个相对初级与自发的阶段，其市场风险、前期投入、配套设施建设等都需要政府的扶持。体育和旅游行政管理部门应加强行业与部门的协作，共同构建市场体系，规范企业的行为和市场秩序，协调各方面的关系，为从事体育旅游的企业提供公共服务。例如，政府开展体育旅游资源普查工作，进行系统科学的规划，并监督实施；组织对外宣传促销，抓行业服务质量和旅游安全、人才培训、信息交流、统计工作等；加强旅游法治建设，依据有关法律、政策，研究地区性体育旅游法规，把体育旅游行业管理纳入法治化、规范化轨道等。例如，国家体育总局批准建设"环青海湖民族体育圈"，以推动青海特色体育旅游业的发展。而根据青海省体育局的设想，要实现这一战略构思，需要国家投入资金和政府扶持，发挥政府的主导地位与作用。但同时，政府的主导行为只宜在西部地区体育旅游产品开发中的引导与培育过程中出现，发挥政府在融资过程中的引导、示范、扶持作用，政府不宜一直成为决策与投资的主体，否则容易导致市场运作效率不高，产生新的寻租行为和道德风险，从而不利于体育旅游产品与市场的开发。

（四）吸引民间资本进入

西部地区体育旅游产品的开发，需要以大量的资本作为支撑。政府对体育旅游产业的资本投入有限，大量的资金需要通过市场取得。因而要充分利用现代资本市场的筹资功能，拓宽融资渠道，为西部地区体育旅游产业的发展提供资金保障。当前，西部地区旅游资本市场进行融资的方式除了财政资本与国债外，民间资本也不可忽视，民间资本逐步成为一种效率高、额度大、稳定性强的融资途径。在银行不断降低利息的市场环境下，随着政府资本逐步淡出风险资本领域，越来越多的民间资本被行业的良好市场前景和高利润所吸引，我国民间资本有可能在短期内成为体育旅游业的融资主体。同时，民间资本流向西部地区体育旅游业需要具备两个条件：一是要有一批对西部地区体育旅游业风险有一定把握和承受能力的民间资本家，他们能够带动其他民营创业者的参与；二是要得到政府的政策支持，允许西部地区体育和旅游业向社会公开募集风险资本。

第三节　西部地区的体育旅游市场开发

体育旅游市场是体育旅游活动的集中表现，是体育旅游产品生产、交换实现的条件，也是促进体育旅游供求平衡的重要机制。随着人们收入水平的提高和生活质量的改善，人们的体育旅游需求不仅日益扩大，而且对体育旅游的内容的要求也呈现多样性和复杂性。因此，面对日益扩大和复杂多样的体育旅游市场，必须运用各种科学的方法和技术，及时调查和掌握体育旅游市场的动态，进行合理的体育旅游市场分析和目标市场选择，分析和比较不同体育旅游市场的特点，科学地预测体育旅游市场的发展变化，这样才能有效地进行体育旅游产品的开发，并针对目标体育旅游市场进行积极的宣传促销，以较低的成本支出获得较好的体育旅游经济效益。

一、西部地区体育旅游客源市场分析预测

对西部地区体育旅游客源市场进行分析与预测必须依据旅游客源市场分析的内容与方法进行。因而在进行西部地区体育旅游客源市场分析与预测之前，先简单地介绍一下旅游客源市场的分析内容与预测方法。

（一）旅游客源市场的分析方法

对旅游客源市场进行分析，主要从以下几个方面着手：

1. 资料收集

主要包括：旅游景区接待游客的现状调查资料，国际、国内、省内及城市旅游业现状及发展趋势，城市发展总体规划和区域旅游业发展计划及远景规划，关于旅游业的法律、规范及行业标准，当地政府制定与旅游业（含体育旅游业）发展相关的地方性法规或决定，其他相关规划。

2. 旅游市场现状分析

包括国内外旅游市场的特点及发展趋势，具体指旅游的特点，如规模、结构等；旅游业发展趋势；旅游业发展目标；旅游地的客源市场现状，内容有旅游接待规模的时间序列及旅游地在国内或区域内的地位，客源市场结构，如客源地、游客年龄、性别、职业、旅游动机、收入情况、受教育程度、旅行模式、能接受的花费范围等；影响旅游地客源市场发展的因素，主要包括有利因素和不利（限制）因素，区域内其他旅游地的区位、资源的供给情况。

3. 客源市场细分与目标市场定位

内容包括：按地理特征（如区域、城镇规模、人口密度等）细分；按社会经济和人口学特征（年龄、教育背景、性别、家庭规模、收入、家庭生命周期）细分；按心理学特征（社会等级、个性特点、生活方式等）细分；按旅游者行为特征（价值取向、对旅游的需求程度和态度等）细分。

4. 客源市场预测

主要包括：潜在需求量预测，游客规模年际变化预测，客源市场发展的限制预测。

5. 客源市场的开拓

主要有旅游促销目标、旅游促销渠道、旅游促销方式和旅游形象设计。

（二）旅游客源市场的预测方法

旅游客源市场预测主要指旅游市场需求的预测。旅游市场需求的预测方法主要有定性法、趋势外推法、结构模型法等。这里着重介绍前两种方法。

1. 定性法

定性法中最为常用的是专家咨询法（又称德尔菲法）。它适用于缺乏历史数据或趋向数据，或受偶发性因素干扰较大，各种模型难以起作用的情况。其基本步骤如下：① 确定预测问题，选择专家组，并设定控制条件；② 设计、分发第一轮调查表，要求回答者确定或提出某些事件发生的可能性及可能出现的日期；③ 收回并整理第一轮调查表，确定中位数和两个中间四分数的范围；④ 把统计整理的结果制成第二轮调查表返还给专家，询问各专家在熟知平均结果后是否改变自己的预测，并解释原因；⑤ 将第二轮调查表的结果及评价意见整理成表；⑥ 如果预测的差异过大，再进行第三轮、第四轮征询，直到取得较一致的意见，最后总结预测结果。

2. 趋势外推法

趋势外推的预测方法，也称时间序列法，是将一个要预测的指标的历史数据按时间顺序加以排列，构成一个数字序列后，依该序列的趋势进行预测的方法。一般用于预测受到许多因素的制约，而且这些因素之间又保持着错综复杂的联系，运用结构性的因果模型进行分析和预测比较困难的指标，如对旅游者人数、旅游收入等的预测。其应用的前提是预测指标随时间变化呈一定的规律性，且假设未来是过去和现在变化趋势的延伸，所以该法仅适用于短期预测。在短期预测情况下，用趋势外推模型比结构模型效果更好。趋势外推法的关键是预测模型的建立及其灵活运用。趋势外推法的一般步骤为：① 绘出散点图；② 根据变化趋势建立预测模型；③ 拟合模型，估计参数；④ 模型检验，包括显著水平、计算统计参数；⑤ 预测数值进行标准差修正后，即得到未来年份预测指标的预测值区间。

二、西部地区体育旅游客源市场的定位、营销原则和开发策略

（一）西部地区体育旅游市场的定位、细分和开发

1. 西部地区体育旅游市场的定位

近几年来，随着国内居民生活水平的不断提高，国内旅游业迅猛发展。参与健身、娱乐、探险等体育旅游项目的人数也不断增多，体育旅游已形成了一定的市场规模。随着中国经济快速、稳定、健康的发展，人们参加体育旅游的兴趣会越来越高，所以体育旅游市场的定位首先应该考虑国内市场。在国内市场已被充分开发后，应该积极开展国际体育旅游业务。大多数发展中国家从20世纪60年代起，为增加创汇能力，平衡外汇收支，增进国际交往，竞相开展了国际旅游业务。中国西部地区具有丰富的体育旅游资源，有许多外国人喜欢的民族传统体育项目和良好的休闲健身旅游环境，加上近几年有许多重大体育比赛项目在中国西部地区举办，吸引了大批外国游客来此参加体育旅游。有鉴于此，我国民族地区体育旅游市场的定位首先得把目标市场定为国内游客，尤其是东部发达地区的游客，其次应是国际游客。

2. 西部地区体育旅游市场的细分与目标市场的确定

体育旅游市场的细分，不是从体育旅游产品本身出发，而是从区别旅游者的不同需要出发，以旅游者的需求为立足点，根据旅游者购买行为的差异性，把旅游者的总体市场划分为许多具有相似性的旅游购买群体的细分市场。其目的是使我们能够选择和确定好旅游目标市场，对目标市场做到心中有数，开展有的放矢的促销活动，从而以最少、最省的促销费用取得最佳的促销成果。例如，体育健身类旅游适合绝大多数人，民族传统体育旅游项目、重大比赛可以向国外推介，北方的冰雪项目可以向东南亚和中国的香港、澳门地区推介。旅游市场的细分目的是确定目标市场，从细分的市场中寻找我们的促销对象。我国体育旅游目标市场大体分为三个部分：一是内地客源市场，二是港澳台客源市场，三是国外客源市场。

3. 体育旅游市场的开发

市场开发是指如何在市场中运用营销战略、策略和技术来推销产品和提供

服务。针对我国体育旅游目标市场，首先，要加强在国内的宣传，要充分发挥广播、电视、报刊、新闻媒体的宣传作用，吸引国内旅客参与体育旅游；其次，针对国际体育旅游市场，可组织旅游宣传促销团到其他国家和地区举办各种形式的体育旅游说明会和推介会。同时，邀请境外旅行商和新闻媒体到我国考察旅游线路，提高我国体育旅游景点、旅游线路在境外的知名度，全面发挥体育旅游资源的吸引力。

（二）西部地区体育旅游市场营销的原则

西部地区在进行体育旅游市场营销时，须遵循以下原则：

1. 市场反馈原则

建立完善、高效的体育旅游产品的市场反馈体系，应根据体育旅游市场变化选择主打产品，以主打产品抢占市场，塑造形象，然后推出系列产品。还要时时关注体育旅游市场的走向，关注体育旅游市场供求的变化，及时推出适应市场变化的体育旅游产品。

2. 产品形象一体化原则

将多种体育旅游产品包装为统一的目的地形象，既保证体育旅游产品的多层次、系列化，又围绕统一、协调的形象加以宣传。在宣传时，以重点体育旅游产品作为促销的主体，努力推广目的地的整体形象。

3. 差异原则

为了提高目的地的识别性，需要强调地方特色，有所为有所不为，以独特性吸引旅游者，促进市场的启动。做到这一点，就要求推出的体育旅游产品具有地方性、独特性、民族性。

4. 效率原则

这里指宣传促销体育旅游产品时应注意效率。在宣传促销时要合理使用旅游促销资金，通过促销组合达到更好的营销效果，争取在成本最低的前提下获得最大的促销效应。

5. 多部门合作原则

旅游业是一项具有广泛关联度的产业，因而关于旅游业的任何工作包括促销工作都需要与政府部门、旅游企业、媒体、社会组织开展广泛合作，树立良好的社会形象，提高目的地的知名度。

(三)西部地区体育旅游客源市场的开发策略

1. 细分体育旅游消费市场，注重开发的层次性

根据不同年龄、不同职业、不同收入水平和不同兴趣旅游者的消费需求，开发组织不同层次体育旅游产品的生产,以满足不同层次消费者的需求。例如，青少年喜欢游泳、探险、漂流、轮滑、球类等项目；中青年则喜欢打保龄球、跳健美操、登山、滑雪等体育旅游项目；中老年更青睐以动为主的太极拳、民族体育舞蹈和保健操，以及以静为主的修身养性气功、垂钓等活动。这些都构成了中国特色体育旅游市场的主体内容。

2. 品牌战略

西部地区有着巍峨的高山，奇异的冰川，辽阔的草原，浩瀚的沙漠、戈壁，纵横的山，奇异的水，以及独特的气象、气候条件，还有着浓郁的民族传统体育文化，这为西部地区创立世界级体育旅游产品品牌提供了极佳的物质基础。但是，如何使良好的基础真正发挥作用，还需要我们从以下几个方面努力：

（1）采取政府主导型战略

政府主导型发展战略，是指政府在旅游发展的初期和一定阶段，组织、调动各方面的要素和积极性，通过制度创新、政策创新和方式、手段创新，推动旅游业的发展。需要指明的有三点：首先，政府主导中的政府是"大政府"的概念，是承担区域经济、社会、行政、司法的组织、领导、管理、监督等各项事务的机关、机构的统称；其次，政府主要承担组织、协调、动员、引导、规范等职能；最后，政府主导和旅游业的特性决定政府必须进行基础性、配套性、先导性投入，政府须在旅游宣传促销、规划、培训等方面承担组织、协调等主要任务。总之，创立西部地区体育旅游产品品牌是一项系统工程，政府宏观上的协调，有助于树立这一系统工程良好的信誉并提高资金的筹措和管理能力。

（2）实现企业集团化运作模式

创立西部地区体育旅游产品品牌必须走企业集团化经营之路。西部地区地域广阔，体育旅游资源丰富，众多体育旅游产品的开发涉及许多行业部门，容易产生利益冲突，加之需要进行基础设施的建设，涉及大量资金的筹措与投入，因此，仅靠一两个企业的个体行为很难有大的作为。为此，开发西部地区体育旅游产品，创立优势品牌，必须强调以大规模网络化、企业集团化的模式进行运营，这样方能集中现有的人力、物力、财力、高起点、大手笔、重点开发，力争在短时期创造出体现西部地区体育旅游资源优势的独具特色的国家级乃至世界级的体育旅游名牌产品，从而使西部地区的体育旅游在国内外旅游市场上占有主导地位，形成极强的吸引力和市场竞争力。

3. 引导居民的体育旅游消费

"以前是请人吃饭，现在是请人流汗"，这说明人们的观念在逐渐发生变化。而体育旅游不仅能给旅游者带来旅游的乐趣，更能使他们在参与体育旅游的过程中得到锻炼，促进身体健康。因此，要通过《全民健身计划（2021-2025年）》的实施，倡导全民参与健身，提高中华民族整体素质，帮助人们建立科学、文明、健康的生活方式。做到这一点，要用新颖的宣传手法，时时进行引导性的宣传，把居民从麻将桌旁和空气污浊的练歌房中请出来，把依靠药物减肥的青年男女请出来，让他们投身于有益于自己和家庭成员身心健康的体育旅游消费活动。

（四）西部地区体育旅游客源市场的促销策略

体育旅游促销指的是某国或某地区运用各种手段、方式向体育旅游者，主要是潜在的体育旅游者传递与渗透旅游信息，引起旅游者对该国或该地区及其体育旅游产品的注意、兴趣，产生好感与信任，进而使其做出购买决策的活动。所谓促销策略就是促销手段的整合。目前，西部地区体育旅游促销策略可以选择下列促销手段的整合：

1. 体育旅游宣传策略

国家旅游总局曾对来华旅游者进行过一次调查，结果显示，只有少数旅游者是通过相关媒体广告宣传来华旅游的，说明我们需要加大宣传方面的工作。宣传的媒体不外乎报纸、杂志、电视、互联网等，因此，应根据目标市场的确定，选择影响大、发行广、收视率高或访问量大的报纸、杂志、电视台和网站进行宣传。西部地区进行的宣传中已有成功的做法，如广西的"旅游大篷车"、各省（区）市的节庆宣传、参加国内各种旅游交易会、参加国外各种展销会等。

2. 体育旅游联合促销策略

联合促销可以实现整体推广，减少成本，实现强强联合，优势互补。因此西部地区要将具有特色互补、功能互补的体育旅游企业与其他旅游企业融为一体，共同开发新的旅游产品，联合促销。体育产业与旅游产业因行业从属不同，相互交融与渗透不多。体育旅游产业决策者及从业人员要主动出击，依靠旅游业众多的分支机构，力争将体育旅游市场做大。体育旅游企业之间、体育旅游企业与一般旅游企业之间，应该协同配合，共同建立和完善体育旅游中介，为实现产业经济的相互驱动创造条件。在联合促销中可采取信息服务网络体系，加快促销速度，同样可以达到降低成本的目的。西部地区现已有联合促销的动作，如陕、甘、宁、青、新、藏已签订《西部六省区旅游绿色通道管理办法》和《陕、甘、宁、青、新、藏探险旅游合作协议书》；川、黔、渝已经实施"金三角"生态旅游区合作；而广西不但与云南、贵州达成协议，并已走出国门，与东南亚一些国家签订了旅游相关合作协议。这些都是旅游联合促销策略的成功范例。西部地区在体育旅游联合促销方面同样大有作为，也理应采取联合促销的策略。

3. 体育旅游促销组合策略

为提高促销效果，必须对促销对象、促销投入、促销方法和效果进行科学的选择与控制。当前旅游促销组合策略主要包括推式策略、拉式策略、锥形辐射策略和创造需求策略。推式策略以人员推销为主，说服中间商（主要为旅游公司）和体育旅游者购买体育旅游产品，通过逐层推进的形式来推广。拉式策略，主要采用广告推广，促使旅游者向中间商购买体育旅游产品。锥形辐射策略主要指体育旅游企业将自身的各种产品排成锥形阵容，然后分梯级阶段连带层层推出丰富多样的旅游产品。创造需求策略主要采用广告、举办具有特色的文化节、艺术节等活动来吸引旅客，这也是体育旅游常用的一种促销策略。节庆活动是推销目的地形象的较好的方法之一，也是促进旅游业发展的绝佳商机，它既是一张名片，也是一个品牌。节庆活动的作用不仅仅是展示目的地的形象，提升目的地的知名度，更重要的是塑造品牌。另外，也可以利用大型运动竞赛的举行，进行体育旅游的宣传促销，这些活动可以展示我国西部地区的体育旅游资源，可以从多个渠道吸引国内外游客。

4.体育旅游整体形象策略

旅游形象往往是一定数量片面形象的综合,旅游业形象塑造和推广是市场定位与营销战略实施中的关键环节。旅游业形象既包含旅游目的地的旅游产品信息,如气候、住宿设施条件、当地人民的习俗等,也包括旅游者在旅游目的地期望得到的旅游内容。因此,体育旅游要想获得优势,必须树立以旅游者为中心的观念,建立与旅游者之间的良好关系,并为旅游者提供高品质的服务。体育旅游要增强可持续发展意识,应围绕"生态旅游"主题,实行绿色开发,即在开发时防止建设性破坏,保持资源与生态环境的和谐统一。

第六章 广西体育旅游发展的路径

第一节 广西体育旅游示范县的产业耦合协调发展

一、广西体育旅游示范县的产业耦合研究背景

（一）融合已成为当前产业发展的趋势之一

文化、体育、旅游产业的融合发展，不仅是当前我国经济社会发展的必然趋势，也是产业发展的现实选择，产业融合发展是经济全球化和高新技术迅速发展背景下提高竞争力和生产效率的一种发展模式，在推动经济一体化、打破传统行业和地区之间的界限、加速资源的流动中发挥着重要作用。旅游产业具有很强的综合性和开放性，这使得旅游产业与其他产业融合发展成为推动旅游产业转型升级的重要推手，也成为当前旅游产业发展的新趋势。消费观念的转变促使旅游产业变革升级，对旅游的内容、产品和服务质量提出了更高的要求，旅游产业也从单一化、静态化的观光模式逐渐转变为多元化、动态化的体验型模式，体育和旅游都具有休闲娱乐、促进身心健康发展的作用，二者具有天然的耦合性，这也使得这两个产业之间的边界越来越模糊。体育旅游产业是经济和社会发展到一定程度的必然产物，是体育产业和旅游产业融合交叉渗透

的结果，是社会经济发展的重要组成部分，也是推动经济发展的新兴产业，在提高就业率和带动行业发展方面有着明显的优势，对国民经济发展起到良好的作用，能够满足社会多元化的消费需求。

（二）相关政策对发展体育旅游产业的支持

为促进体育产业与旅游产业融合发展，国务院和各部委先后发布了一系列与体育旅游发展相关的文件、政策，指明了我国体育旅游产业的发展方向，如2014年国务院出台《关于加快发展体育产业促进体育消费的若干意见》（国发〔2014〕46号），标志着我国体育产业开始发生历史性变革；2016年5月中华人民共和国国家体育总局、中华人民共和国国家旅游局（现中华人民共和国文化和旅游部，以下简称文化和旅游部）联合制定的《关于促进体育旅游融合发展的指导意见》提出抓好户外运动旅游，积极推动各类国家运动基地进入体育旅游市场。2019年广西壮族自治区体育局联合广西壮族自治区文化与旅游厅起草的《广西创建国家体育旅游示范区三年行动计划（2019—2021年）》，推动体育与旅游在理念、机制、政策、规划、组织、设施、队伍、活动等方面的深度融合，突出绿色发展理念，做好"生态体育+生态旅游"文章，扩大体育旅游消费市场，形成体育旅游消费扩容提档新局面，为体育与旅游产业融合发展做了具体的部署安排。广西壮族自治区体育局与广西壮族自治区旅游发展委员会签订了《关于推进体育产业与旅游业融合发展的合作框架协议》，联手促进体育旅游融合发展。截至2021年12月31日，国务院发布的涉及体育旅游的相关文件有20多个，广西壮族自治区体育局和旅游局联合发布的体育旅游专项文件超过10个，示范县（阳朔县、武宣县、上思县、马山县、凌云县）发布的关于发展体育旅游的指导性文件总数超过50个。这些政策性文件的出台，为体育旅游产业的发展提供了政策扶持，并创造了良好的制度环境，叠加的政策对体育旅游的快速发展起到了推动作用。

（三）广西县域经济可持续发展的实践需要

体育旅游产业是拉动消费增长、助推双循环经济、助力乡村振兴、开展全民健身建设的重要产业。2018年底，广西获得国家体育总局批复，支持广西开展国家体育旅游示范区创建工作，为全国体育旅游发展提供借鉴。

二、县域体育与旅游产业耦合的概念及理论基础

（一）相关概念

1. 县域经济

县域经济是区域经济类型中的一种。县域一直是我国城乡经济与社会的支撑点，介于宏观与微观之间，是城市与乡村之间连接的桥梁，这一特殊的区域是乡村振兴战略和精准扶贫的"中间地带"，因此县域经济的发展在当前双循环战略中具有重要意义。在此处，县域是指县、县级市、自治县，县域经济一般是指以县城为中心，以乡镇为纽带，以农村为腹地，由各种经济成分和不同产业构成的区域经济，在地理空间上有着明确的范围，具有明显的地域性。从广义上看，是指县域范围内生产力与生产关系的总和；从狭义上看，县域经济是以县级行政区为地理空间，以县级政权为调控主体，以市场为导向，优化资源配置，具有地方特色、功能完备的区域。县域经济主要是以农业和农村经济为主体，是国民经济的基本单元，在整个国民经济中处于比较薄弱的环节，发展壮大县域经济是解决"三农"问题，破解城乡二元结构矛盾，实现农业农村现代化的根本出路和重要载体。

2. 体育旅游产业

参照《体育产业统计分类（2019）》的分类标准，将体育产业定义为"为社会提供各种体育产品（货物和服务）和体育相关产品的生产活动的集合"。分类范围包括：体育管理活动、体育竞赛表演活动、体育健身休闲活动等11个大类，37个中类，71个小类。对于旅游产业，则参照《国家旅游及相关产业统计分类（2018）》制定产业分类，旅游业是指直接为游客提供出行、住宿、餐饮、游览、购物、娱乐等服务活动的集合，共9个大类，27个中类，65个小类。

体育旅游作为体育产业和旅游产业深度融合发展的新业态，是一种综合性行业，包括体育旅游餐饮住宿、交通运输通信、旅行业务组织部门、游览场所经营部门和目的地旅游组织部门五个部分，体育旅游能够给游客提供与实际生活不同的旅游体验，强调体育活动的效果，体育活动发挥着关键的作用，是吸引游客的关键要素。另外，体育旅游具有一定的趣味性，游客在其中可以获得

不同的人生体验，达到观赏性和参与性同步，同时还具有刺激性和惊险性等。

3. 耦合度、耦合协调度

耦合度：耦合度指的就是系统或者系统内部之间各要素相互作用相互影响的程度。如果是相互配合、彼此促进的关系，就称为正向耦合；反之，如果各要素之间配合不当，相互牵制，则称为恶性耦合。

耦合协调度：协调是指两个或多个系统内部要素之间的良性关联，是系统或者系统要素之间配合默契、和谐统一、良性循环的关系，是系统保持健康发展的保证。系统或系统要素之间在发展过程中彼此和谐一致的程度就被称为协调度，是系统之间正向有序发展的趋势。可以看出，耦合度与协调度之间是存在差别的，耦合度是表示系统正向或者负向相互作用的强弱，无利弊之分，但协调度则用于表示相互作用中的良性耦合程度，体现了协调的优劣程度，因此，耦合协调度追求的是一种齐头并进，共同发展的良性循环。

4. 体育与旅游产业耦合

体育与旅游产业的耦合关系并不是后天形成的，在它们发展之初就存在着这种关系。从体育产业与旅游产业发展的历史和现实来看，二者并不是沿着各自的轨迹独立发展的，而是在一定的条件下呈现出一体化的发展趋势，特别是大型体育赛事，如世界杯、奥运会的举办，为旅游产业增添了新的内容，旅游业则为体育参与者、观赏者提供了交通、住宿、餐饮等服务，很多大型体育场馆，如"鸟巢""雪如意"等，都已成为热门的旅游打卡点。两个产业之间相互促进发展，协调共生，通过资源的配置、资源的共享整合，产业内部组织的结构优化，两个产业之间的发展空间不断向高附加值和规模经济发展的动态过程就是体育产业与旅游产业的耦合。通过耦合协调的水平可以看出体育与旅游产业之间相互影响的关系，耦合协调度高则说明两个产业相互之间联系密切，二者沿着深度融合的方向发展，耦合协调度高还能给两个产业带来相关产业间的优势效应，带动产业相互促进、功能互补。

（二）理论基础

1. 耦合协调理论

耦合协调理论在学科交叉与跨学科研究中起到了重要的推动作用，在体育产业与旅游产业经常一起出现，因此出现耦合的概率非常大，相互之间存在着相互促进的联系，在旅游产业中，体育元素的加入使得旅游产业的边界扩大，产品增多，满足了更多游客的运动需求，同理，体育产业中加入旅游的要素，也会使体育产业出现更多的形式。耦合最早是物理学上的一个概念，用于描述两个及两个以上系统或运动方式之间，通过要素的相互作用而彼此影响以至于联合起来的现象，一个元素的变动会引发其他元素的变动，这种联系越紧密，则耦合度越高。耦合的内涵包括以下几个方面：一是关联性，即两个或者多个系统之间各个耦合元素是相互关联的；二是整体性，各系统的耦合元素按照一定的需要进行重新组合，形成一个新的系统；三是多样性，各耦合元素之间具有组织能力，可以产生多种组合方式；四是协调性，各系统的耦合元素经过重新组合后，形成一个新的各要素系统合作、优势互补的良性系统。

2. *产业协调发展理论*

产业协调是指两个或多个产业之间相互依存、相互支持的过程。产业协调思想是马克思经济思想中一个重要的部分，包括产业要素之间、产业经济结构之间、产业分工与协作、生产与消费之间的协调，由此可知，产业协调发展意味着每个子系统都在相互协作和相互支持中发展，从而实现产业资源高效分配、产业效益明显的产业发展格局。体育与旅游产业之间有着非常紧密的联系，随着生活水平的提高和需求的多样化发展，为体育产业、旅游业的耦合发展带来了新的发展机遇，体育与旅游产业协调发展有利于充分发挥两个产业之间的优势，改善产业的发展环境，提升体育产业、旅游产业的实力和竞争力。

（三）体育产业与旅游产业耦合的机理分析

1. *体育与旅游产业耦合的基础*

体育产业与旅游产业的耦合绝非偶然，是在一定的条件下才完成的。首先，市场的需求对产业发展具有决定性的作用，随着人民经济水平的提高和生活节奏的加快，人们的闲暇时间增多，消费能力提升和消费观念转变，休闲度假、放松身心成为人们日益增长的精神文化需求，传统的观光旅游已经无法满足人们的需求，体育旅游具有的强烈体验感、刺激感和挑战精神给游客带来不一样的精神享受，也受到越来越多游客的青睐，为体育与旅游产业的耦合发展奠定了市场基础。其次，资源的共享也是体育与旅游两个产业之间耦合的条件，如体育场馆设施、体育博物馆、体育比赛等都已成为游客出行的主要目的地，同样，利用旅游产业丰富的资源在旅游景点组织和经营的体育健身休闲活动，也有助于体育产业的快速发展。再次，产业的关联互补是体育产业与旅游产业耦合的本质，体育要素融合旅游产品，不仅能丰富旅游体验，而且能提升旅游品质，旅游产业还可以通过利用品牌效应，拓展体育旅游项目，拉动体育消费。最后，科技的进步为体育与旅游产业的耦合提供了技术支撑，不管是出行方式的改变还是体育旅游产品的开发和制造，都离不开科技的进步。科技的进步拉近了体育产业与旅游产业之间的距离，也增强了产业之间的信息交流能力，大大提高了耦合的可能。

2. 体育与旅游产业耦合的效应

体育与旅游产业的耦合效应，可以分为成本效应、创新效应和产业链效应。第一，体育与旅游产业通过产业重组、产业延伸和产业渗透改变了原有的产业结构和行为，倒逼企业进行经营方式和结构模式的创新，减少投入成本；同样，产业耦合促使内部企业之间建立信任机制，推动合作交流，既能一起分担体育旅游产品开发的投入，也能利用各自的资源优势形成互补效应，减少成本的支出。第二，体育与旅游产业耦合会降低产业内部之间信息的不对称性，促进企业之间相互熟悉和比较，推动企业提高服务水平和进行技术创新，促进体育旅游产业的特色发展。第三，产业耦合可以构建新的产业分工体系，产生新的体育旅游产品和服务，扩大产业的发展空间和市场，延长体育、旅游产业的产业链，优化和升级二者的产业结构，让企业获得更多的收益。

三、广西体育旅游示范县体育与旅游产业耦合实证分析

（一）现状分析：示范县体育产业与旅游产业发展概况

1. 实证研究对象

笔者以广西壮族自治区体育局、自治区文化和旅游厅公布的广西体育旅游示范试点县（以下简称"示范县"）为实证研究对象（桂体办〔2020〕44号），具体包括桂林市阳朔县、南宁市马山县、防城港市上思县、百色市凌云县和来宾市武宣县。因为是以县域为研究对象，所以南宁市兴宁区和青秀区以及桂林

市秀峰区不在研究范围内。

（1）示范县体育产业发展概况

示范县民族传统体育资源丰富，有着极大的开发价值，县域内少数民族众多。"十四五"期间，各县体育事业发展迅速，实现了跨越式的发展，各县根据自己的体育事业发展优势，举办了举重、马拉松、登山节、攀岩、龙舟等体育赛事，全民健身热情高涨，体育产业的规模也逐渐增大。

阳朔县已经连续多年举办铁人三项赛、环广西公路自行车赛、攀岩赛、漓江 100 超级越野赛等大型体育赛事。县内有多个体育训练基地，已经成为国内闻名的体育小镇。

马山县于 2016 年申报"广西十大民族传统体育保护传承示范基地"。加方乡的壮族打扁担被誉为"广西民间舞蹈一枝花"，多次在广西和全国少数民族体育运动会项目表演比赛中获得一等奖。马山县连续多年举办"中国—东盟山地马拉松赛""中国—东盟山地户外体育旅游大会""攀岩精英挑战赛""'营动中国'全国青少年户外营地大会"等赛事活动。中国首个攀岩特色体育小镇落户马山县，成功入选全国第一批运动休闲特色小镇试点项目。

上思县作为广西著名的举重之乡，被评为广西体育局优秀运动队训练基地和广西举重运动发展中心后备人才培养基地，多次承办全国举重锦标赛。十万大山国家森林公园山地户外运动营地于 2019 年获评区级 4 星级称号，已经成为一张户外体育运动的"名片"，积极融入广西海边山文化体育特色城市体系。

凌云县每年都举办系列民俗体育活动及竞赛，不仅保留了原有的民间习俗韵味，还结合现代体育运动，创编出极具创造性与娱乐性的新型体育运动。凌云县全国冬泳"水上抢头鸭"庆丰收系列民俗体育比赛被评为 2018 年中国体育旅游精品赛事，2017 年凌云县与乐业县联合举办的国际山地户外运动挑战赛被评为当年中国体育旅游精品赛事。

武宣县依靠黔江和七星湖水上运动中心，积极发展水上运动项目，多次举办全国龙舟分站赛和皮划艇马拉松等大型体育赛事，以"水"做文章，充分利用"水资源"优势发展体育产业。

表 6-1 体育旅游示范县 2017—2021 年部分大型体育赛事

示范县	大型体育赛事
阳朔县	2017、2018、2019 年环广西公路自行车世界巡回赛阳朔赛段，2017—2021 年阳朔铁人三项赛，2017—2021 年阳朔攀岩节、天空越野跑、中法越野赛、"三月三民俗文化节"等赛事
武宣县	2021 年皮划艇马拉松，2020 年广西"民族体育炫"龙舟邀请赛，2020、2021 年"壮族三月三民族体育炫"系列活动
上思县	2017—2021 年青少年举重锦标赛，2020 年上思县"四海"杯斗腕大赛，2020、2021 年"壮族三月三民族体育炫"系列活动
马山县	2017、2018、2019 年环广西公路自行车世界巡回赛马山赛段，2017、2018 年东盟山地马拉松，2017—2019 年攀岩大师赛、自然岩壁系列赛、攀岩青年锦标赛等攀岩系列赛
凌云县	2017—2020 年"水上抢头鸭"庆丰收系列民俗体育活动，2019 年广西第十四届运动会分会场、全国徒步大会、象棋国际公开赛、国际山地户外运动挑战赛

（2）示范县旅游产业发展概况

广西体育旅游示范县旅游资源丰富，从调查的数据可以看出，旅游业占各县的 GDP 比重均超过 30%，旅游产业已经成为各县经济转型的重要引擎和新兴力量，政府对旅游产业的发展扶持力度不断加大。

阳朔县作为知名的旅游目的地，旅游业一直以来都是该县的支柱性产业，在 2019 年，阳朔县接待游客人数达到了 1 800 多万人次，旅游总消费达 289 亿元。阳朔县以漓江、益田西街、遇龙河等知名旅游品牌为龙头，串联整合县内的旅游景区，形成"一景区一精品，一村落一主题，一通道一风景"的特色发展格局。

自 2016 年起，马山县将攀岩定为该县的特色体育旅游项目，成功打造"体育+文旅+扶贫+县域发展"的马山模式，打造了"中国山马最美赛道"和"赛事+节庆（美食节）"发展模式，将旅游与体育赛事充分结合，为旅游产业拓宽了发展空间。

凌云县自然风光神奇秀美，山水景色千姿百态，民族风情多姿多彩，民俗文化厚重如山，素有"古府凌云""茶乡凌云""山水凌云""长寿凌云""壮志凌云"之美誉，是中国首个"全国异地长寿养老基地"。

上思县位于十万大山腹地，旅游资源丰富，主要以十万大山、布透温泉、文庙遗址、那板水库、三合棺遗址、壮族"虽蕾"和"舞鹿"自治区"非遗"等重要旅游资源为代表。上思县先后被授予"中国氧都""中国老年人宜居宜游县""全国十佳生态休闲旅游名县"等称号。

武宣县历史悠久，拥有2200多年的历史文化，自古具有"中留山水甲南天"之美誉。百崖大峡谷被誉为"世界罕见的峡谷风光"，八仙天池神秘而奇特，大藤峡"不是三峡，胜似三峡"，还有大规模保存完好的庄园。得天独厚的文化优势、自然资源优势和大藤峡开发的机遇优势，为武宣县的旅游产业发展插上了腾飞的翅膀。

表6-2 示范县2017—2021年旅游产业总收入（单位：亿元）

县域	时间				
	2017年	2018年	2019年	2020年	2021年
阳朔县	132.5	242.34	289.6	181.56	210
马山县	31.95	8.48	44.2	46.5	47.32
凌云县	21.07	27.61	26.14	20.08	2.68
上思县	20.56	21.72	28.84	25.47	26.43
武宣县	24.11	32.04	38.75	29.88	44.32

四、广西体育旅游示范县体育与旅游产业耦合协调发展推进策略

（一）强化政府作用，促进部门融合

体育与旅游产业的耦合发展离不开政府的主导作用。无论是在规划还是在资金投入上，政府的作用都是关键的，特别是前期基础设施的建设，完全得益于政府行为和政策要求，政府的支持是体育旅游产业耦合协调发展的重要因素。作为新兴产业的体育旅游，产业耦合范围广，涉及面大，耦合发展系统较为复杂，再加上体育产业与旅游产业发展的水平不一，基础设施和服务系统尚未完善，要实现体育和旅游两大产业高效耦合发展，政府的指导和扶持必不可少，只有这样才能保障体育旅游产业向着规范化、多样化和品牌化的方向发展。因此，县域政府部门首先要制定并出台符合该县实际的体育旅游产业发展的政

策和规划，制定体育旅游示范基地、线路的建设标准和管理规范，在资金、人才、市场和项目发展等方面提供实践指导。其次，加强体育与旅游部门之间的沟通协调。大部分示范县都把体育和旅游部门设在文化广电体育和旅游局里，对此，可以成立主管或者分管体育旅游业务的部门主管体育旅游，统一管理，同时建立部门监管机构，对产业的发展规划、扶持政策、投资项目和推广宣传进行监督指导，突破部门之间的行政壁垒。最后，充分发挥政府的组织协调作用。每年定期举办一系列的体育旅游博览会、旅游节、全民健身节、体育旅游赛事等活动，通过这些活动来推动县域体育旅游产业发展壮大，协调社会组织和其他部门共同配合，要在安保、交通、后勤保障等方面大力支持体育旅游部门举办的活动。

（二）利用本地资源，开发特色产品

利用本地资源开发体育旅游特色产品，整合形成产业聚集群。对于体育旅游产业还在初步发展阶段的示范县，只有深挖体育或旅游产业的文化内涵，吸取产业文化精髓，开发具有本县特色的体育旅游产品，才能在市场竞争中占据举足轻重的地位。笔者结合广西体育旅游示范县体育和旅游资源的现状和分布规律，提出要在产业耦合发展中依托民族传统体育资源、山地资源、水域资源、森林资源和人文旅游资源等，打造精品体育旅游项目，打造民俗体验型、康体养生型、体育观赏型、探险刺激型和赛事参与型五种类型的体育旅游特色产品。

1. 民族体验型

民族体验型体育旅游是指利用特有的生产工具开展原始的生产生活劳动，提供体验传统民族特色活动服务，彰显特有的文化底蕴的体育旅游。示范县内少数民族众多，民族体育资源丰富，各县可依据本县特有的民族体育资源开发民族体育旅游项目，如马山县加方乡的扁担舞、凌云县沙里瑶族乡的斗牛、武宣县的独竹漂等活动，趣味性很强，体验感十足，具有浓郁的民族风情和地方特色，深受游客的喜爱。通过创新发展理念，适当降低项目难度，提高游客的参与体验，既有利于文化传承，又给游客提供了不一样的锻炼方式。

2. 康体养生型

示范县内生态环境良好，有优美的田园、负氧离子含量高的原始森林、清澈见底的溪流，这些天然的户外运动资源，为度假、疗养、休闲体育活动的开展提供了绝佳的场地。上思县十万大山森林资源丰富、负氧离子含量达到每平方米 18.9 万个，是疗养的绝佳场所，适合打造成以健康休闲养生为主体、"体育 + 健康养生"为特色的体育旅游康养基地。

3. 体育观赏型

示范县每年都会举办多场大型体育赛事，比如马山县和阳朔县的"环广西公路自行车赛""攀岩系列"赛，武宣县的龙舟大赛等大型体育赛事，这些高水平的赛事具有很强的观赏性，吸引了大量游客和附近居民参观。可通过大型体育赛事与体育娱乐项目、旅游文化节、美食节等活动的结合，让游客在观赛时体验一系列的体育旅游活动，丰富游客的观赛体验。

4. 探险刺激型

探险刺激型体育旅游产品对自然地貌环境要求较高，一般需要山地自然资源丰富的地域。位于云贵高原边缘的凌云县，高海拔山地资源丰富，县内拥有"桂西屋脊"之称的桂西第一高峰——岑王老山，还有众多的洞穴资源，是开发攀岩、航空飞行、漂流、野外生产、溯溪等具有刺激性、娱乐性和挑战性的户外探险旅游项目的绝佳场地，探险刺激型体育旅游活动可以使游客在进行体育运动、休闲健身的同时释放激情、感受大自然的独特魅力。

5. 赛事参与型

赛事参与型体育旅游产品一般为到目的地参加体育赛事而产生旅游行为的一种体育旅游方式，每年各个县都会举办如马拉松、越野跑、徒步、皮划艇等赛事，而且很多都曾获评广西"十佳体育旅游赛事"，对体育爱好者有着很强的吸引力，也成了本县的一张名片，如凌云县"地心之旅"徒步比赛、"水上摸鱼"等赛事具有参赛门槛低、对技术要求不高等特点，深受游客喜爱。因此各县要积极探索开发更多的特色民族性体育赛事，结合地方传统体育文化，适当增加组别和降低难度，增加游客的参与度。

（三）多种政策并行，健全保障措施

制定保障体育旅游产业耦合发展的措施，为体育旅游产业发展提供长久和较为稳定的服务，在开发中要健全产业规范发展的保障制度，规范体育旅游产业发展的定位、目标、原则、治理体制等基本措施。

1. 资金保障

体育旅游项目的开发建设,需要大量的资金支持,政府在体育旅游产业上的投入有限,获得大量的资金需要拓展渠道,特别是对于一些贫困县域地区,由于基础设施的薄弱和交通不便等因素,前期需要大量的资金投入来保证项目的开展。因此,制定和实行多元化的投资政策,实行社会化的体育旅游产业政策是体育旅游产业发展的重要举措,改变以往政府财政包办的旧有模式,积极招商引资,尊重企业的主体地位,更多地依靠市场力量、社会资本等多方力量来推动体育旅游产业发展,营造"政府搭台、企业唱戏"的良好发展环境,制定激励政策和培育办法,放手让社会去办,对于困难的体育旅游企业,政府还可以通过贷款和减税的方法来扶持其发展,提升其他企业参与体育旅游项目投资的积极性。

2. 人才保障

人才是体育旅游产业可持续发展的重要保障,因此,要引进旅游规划、体育管理、市场营销等方面的人才,特别是同时具备体育和旅游专业背景的人才,他们将会为体育旅游产业开发出谋划策,实现体育旅游产业快速、稳定、健康发展。其一,要加强对当地就业人员的从业技能培训,提高他们的从业水平,特别是服务管理和产业经营等方面,让他们掌握足够的知识进行体育旅游项目的开发和经营。例如,马山县在当地开展攀岩社会指导员培训班,为附近居民组织攀岩技能方面的培训,为马山县的攀岩事业发展提供了大量的教练员、安全员;凌云县人民政府邀请广西旅游人才培训中心开展旅游服务技能培训,教授旅游服务礼仪、开发乡村特色餐饮、乡村旅游服务规范等内容,向学员传授依托当地资源发展乡村旅游业的经验和做法,为凌云县旅游产业发展提供人才保障。其二,对于引进的人才,要大胆放手去用,做到专业的事情由专业的人员来办,提高专业人员的成就感和积极性,适当提高其待遇,争取人才引得进、留得住、有贡献。

(四)优化营商环境,创造发展平台

"筑好巢才能引来金凤凰",县域地区要营造良好的自然环境、营商创业环境,为体育旅游发展迎来更多的体育旅游参与者与投资者,加快县域体育旅游基础设施建设,重点解决以交通为重点的体育旅游基础设施建设,构建公路—

铁路—航空—河道四位一体的立体交通网络，形成点对点的便捷交通模式，改善县域体育旅游的可进入条件，突破发展瓶颈。各地根据发展主题，统一布局和规划，改善村容村貌，修复自然景观，创造良好的生态环境，塑造山清水秀的县域形象。例如，上思县有布透温泉小镇、十万大山"天然药浴池"等资源，利用好山好水的优势，保留原始风貌，重点发展康体旅游。另外，搭建旅游服务网络系统，建设旅游集散地，提供完备的旅游服务体系，吸引县域周边城市和其他地区的大批游客，在示范县的旅游景点和集散地建设集导游集训、景点咨询、旅游紧急救助、交通引导等多功能于一体的游客服务中心，为游客提供优质的体育旅游服务。要以核心区域的发展效益为县域发展的牵引力，具体要落实基础设施的建设，比如公共厕所、停车场、水电气网络化铺设等，借助社区民生工程推进体育旅游配套服务的建设，在服务咨询、应急处理、运动保险等方面为体育旅游产业发展提供基础保障。

（五）注重利益分配，发挥主体作用

结合利益相关者理论，发展县域体育旅游产业就要明确各利益主体的责任和利益，在各利益主体之间建立沟通协调机制，减少利益冲突带来的不良影响，保证各主体的有效协同。首先，作为政策的制定者、市场的监督管理者的政府机构，要制定符合该县体育旅游产业发展的法规政策和建设标准，加大资金投入和招商引资，加强基础设施和配套设施的建设，优化体育旅游开发环境，保障企业和村民的收益，为当地居民提供就业培训，接受游客的反馈建议，发挥好产业耦合中的主导作用。其次，体育产业和旅游产业要克服产业主体融合障碍，利用各自的技术、资源优势，深入挖掘该县的体育资源和旅游资源，引进人才、创新思维、突出特色、开发具有鲜明县域特色的体育旅游产品，提高服务质量和水平，满足游客个性化、多样化的体育旅游消费需求。再次，当地居民作为体育旅游产业发展的受益方之一，要积极配合政府和体育旅游企业的开发建设，参加技能培训，提高专业素质和水平，融入体育旅游产业的开发建设，为游客提供接待服务，表演民俗体育项目，使游客能更好地感受自然、亲近自然。最后，游客要积极反馈信息，提出建议，在旅游过程中注意环境保护等。构建利益主体一体化的体育旅游开发、发展格局，尽可能满足各个利益主体的诉求，实现利益最大化，以充分发挥他们在县域体育旅游开发中的积极性，在

开发和发展中发挥各自优势，共同推动县域体育、旅游、文化、生态等方面协调发展。（利益相关者关系如图6-1所示）

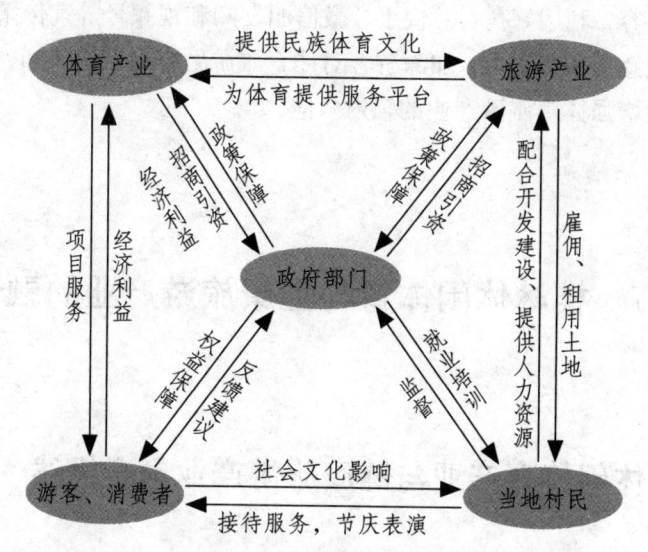

图6-1 广西县域体育旅游产业利益相关者关系图

（六）提高服务质量，增强辐射效应

紧紧围绕体育旅游产业转型升级的要求，不断完善体育旅游产业产品体系、基础项目建设，继续提升体育旅游产业素质，加强公共服务体系建设，实现体育旅游产业经济的高效益和高增长。一方面，要依靠本县资源，努力打造县域体育旅游精品赛事、精品路线和体育旅游示范基地，构建本县特有的体育旅游项目。例如，马山县的攀岩已经成为该县特色体育旅游产业，马山县成为国内著名的攀岩胜地，该产业成为助力脱贫的重要法宝，未来马山县还需要改善交通，挖掘周边民族传统体育文化资源，提高服务质量水平，全面掌握游客的方式和喜好，尽量满足游客的个性化需求，这需要突破传统的旅游模式，让游客"多逗留"。其次，要在媒介融合的大环境下探索全面有效的营销模式，体育旅游产业未来发展的核心在于培育消费市场，营销方式的多样性是吸引游客的重要法宝，在保持传统的大众传媒和户外媒体等传统营销渠道的同时，积极探索和利用新兴的网络营销渠道，特别是随着我国网民数量和移动终端数量的逐年提升，每个人都可以成为传播的主体，游客通过网络平台分享发布的信息与评价内容具有更高的可信度和互动性，因此采用创意性营销模式，营造体育旅游热点内容，利用好抖音、快手、微信朋友圈和视频号等宣传平台，吸引潜在游客的注意力和吸引力，加深游客对体育旅游融合项目的认知，进而提高市场占有率，增强体育旅游产业的辐射效应。

第二节　桂林休闲体育与健康旅游产业的融合发展

一、休闲体育产业与健康旅游产业融合概述

（一）相关概念界定

1. 休闲体育产业

休闲体育产业是休闲产业与体育产业结合的产物。从休闲产业角度看，休闲体育产业是包罗万象的休闲产业为"寻求"更多休闲实施手段而"引进"体育产业这一具有强大休闲属性的范畴发展而成的，是休闲产业主动吸收的过程；从体育产业角度看，体育产业有着明显区别于其他休闲产业的属性，即以体育运动为基本方式和手段，满足人们的休闲需求，是体育产业价值拓展的过程。

由于目前我国尚未出台与休闲产业相关的产业类别划分，为区别体育产业与休闲体育产业，根据《体育产业统计分类（2019）》划分标准，笔者认为，休闲体育产业主要包含《体育产业统计分类（2019）》中可以满足人们休闲体育需求的部分，主要以体育用品业和体育服务业为代表，其中体育服务业包括体育旅游业、体育健身产业和体育赛事产业（如图6-2所示）。综合以上观点，休闲体育产业是以体育运动为基本内容，为人们提供休闲体育产品和服务以达到满足人们身心健康目的的集合。

图 6-2　休闲产业与休闲体育产业结构示意图

2. 健康旅游产业

健康旅游是健康服务和旅游融合发展的新业态。健康旅游的发展在扩内需、稳增长、促就业、惠民生、保健康等方面具有重要的意义。综上可知，健康旅游产业是健康产业与旅游产业结合的产物。

从健康产业角度看，健康旅游产业的出现迎合了《健康中国行动（2019—2030）》的相关要求，丰富了健康中国行动的相关内容；从旅游产业角度看，健康旅游产业的出现是在"大健康"背景下，全域旅游与全民健康融合发展的必然结果。结合实际，根据《国家旅游及相关产业统计分类（2018）》与《健康产业统计分类（2019）》分类标准，笔者认为健康旅游产业包含了两个行业分类标准中的部分类别（如图6-3所示）。综上所述，健康旅游产业是指依托健康旅游资源，为人们提供健康旅游产品及服务的集合，而随着时代的不断发展，健康旅游产业的内涵将逐渐丰富，其外延也将不断拓展。

图 6-3　健康旅游产业结构图

3. 休闲体育产业与健康旅游产业融合发展

在我国，产业融合随着时代的不断发展从信息通信产业逐渐蔓延到国民经济中的各行各业，而在当今"大健康"时代背景下，休闲体育产业与健康旅游产业的融合发展已经逐渐成为一种趋势。休闲体育产业与健康旅游产业融合发展是在市场需求、科学技术等因素的推动下,经过技术融合、业务融合以及市场融合这些完整的过程之后,休闲体育产业和健康旅游产业之间相互渗透、相互交叉、相互延伸,逐步演变出新的产品、创造出新的市场、形成新的产业形态的动态发展过程。

(二)国内外相关研究综述

1.关于产业融合的研究综述

(1)产业融合的内涵

产业融合是一个动态演变的过程,由不同产业的分立、不同产业由分立走向融合及产业融合三个连续的阶段构成。而关于产业融合的内涵,学者们以不同的视角对其进行了理解和阐释。笔者主要从技术、市场、动因以及系统分工四个角度对国内外学者对产业融合的界定进行梳理(表6-3)。

表6-3 关于产业融合内涵的主要研究

角度	学者	主要观点
技术角度	美国学者尤弗亚(Yoffie)	产业融合是原先相互分离和独立的产品或服务通过数字技术整合为一个新的产品或服务
	美国学者克里斯坦森和罗森布鲁姆(Christensen & Rosenbloom)	在技术上处于优势地位但并未取得发展优势的根本原因不是在于自身技术能力的不足,而是它们联结"新价值网络"能力的不足,未能充分满足创造新产品和服务的市场需求
市场角度	马健	识别产业融合的三大原则:共同的技术基础或技术平台是否存在、技术融合到市场融合最终达到市场融合的目标是否实现,以及原本产业间的界限是否被打破
动因角度	日本学者植草益	技术的革新和放宽限制是产业融合发生的动力,管制的放松则是外部的条件
系统分工	胡金星	从系统论出发,在开放系统中,新奇事物的出现与扩散促使不同产业构成要素的相互竞争、协作与共同演进形成新兴产业(即产业融合)的过程,融合的本质是一种创新
	胡永佳	从分工理论角度出发,以解决融合与分工的关系为目的,认为产业融合是从产业间分工转变为产业内分工的过程与结果,是产业间分工内部化

通过梳理关于产业融合的研究可以看出，学者们关于产业融合内涵的界定离不开技术融合、业务融合（产品运作）与市场融合三个维度。产业融合是一个伴随着科技的进步而逐渐进入大众视野的，在科技迅速发展的背景下，经过技术融合、业务融合（产品运作）、市场融合，使各分立产业的边界逐渐被打破直至消失，产生新的产业业态的动态演变过程。在科学技术提升与人民群众需求多元化、高级化的推动下，影响产业融合的发生与发展的内外部因素将会更加复杂，产业融合的发展过程会不断地进行循环，这个循环是伴随着技术与需求的推动的升级式循环，旨在满足社会发展的需要，在这样的背景下，其内涵会更加多元化，外延也将不断拓展。

（2）产业融合的方式

对于产业融合的方式，不同学者由于所处的时代或研究的角度不同，因此根据不同的标准对产业融合的方式进行分类。笔者主要从融合产品的性质、产业融合的效果，以及供给与需求三个角度对其进行梳理。（如表6-4所示）

表6-4 关于产业融合方式的主要研究

角度	学者	主要观点
融合产品性质角度	厉无畏	产业间的延伸融合、产业内部的重组融合与高科技技术的渗透融合
	马健	虚假融合、部分融合与完全融合三部分；三者之间会相互转换
产业融合效果角度	韩小明	产出方式相异，产出结果相似或相同；产出方式相同，产出结果相异；不同产业间的经济活动部分重合产生新的产业经济活动；不同产业间的经济活动组合产生新的产业经济活动
供给与需求角度	胡金星	标准融合与制度融合、模块互补融合与模块代替融合、结构融合与功能融合
	胡永佳	投入产出关系较弱的混合融合、纵向的上下游产业的融合以及关联度较小、横向的市场部分重叠的产业间的融合

目前，学者们依据相关产业发生发展的实际，从不同的角度总结出了产业融合类型，而其中厉无畏提出的高新技术的渗透融合、产业间的延伸融合，以及产业内部的重组融合三个分类方式，从融合产品的性质出发，能较准确地反应产业之间的互动过程，对笔者的研究具有极大的借鉴意义。

（3）产业融合的效益

产业融合伴随着社会经济的不断发展而出现，是产业经济学的组成部分。

产业融合的现象能够从一定层面上反映社会经济发展的状况并反作用于社会经济的发展之中，具有一定的效益。笔者主要从丰富产业的内涵、促进经济的增长以及综合效益三个方面对产业融合的效益进行梳理。（如表6-5所示）

表6-5 关于产业融合效益的主要研究

角度	学者	主要观点
丰富产业内涵	林民盾等	产业融合横向切断了传统划分的三大产业，将产业重划为营销产业、制造产业、研发产业
	韩顺法等	产业融合使产业精细化，以物质产品、精神产品、服务产品、生态产品生产为主的服务产业、创意产业与生态产业等
促进经济增长	Banker, Chang & Majumdar	产业融合后共同基础设施使企业的平均成本减少，为技术和产业融合提供支撑，进而提高了信息产业绩效
	胡永佳	产业融合从微观上看，引发成本节约效应，提高共用资产的利用率，节约交易成本；从中观上看，能够产生竞争合作效应，有利于形成有效竞争的新型市场结构；从宏观上看，有利于产品和产业创新并能促进产业结构的升级和经济的持续增长
综合效益	周振华	产业融合为人们的生活提供了许多新的机会，关系着服务及从事商业活动与社会互动的方式，所以产业融合产生的影响，不仅体现在经济方面，同时也体现在社会和文化方面
	马健	产业融合与产业之间的行为与关系有着很深的渊源，在微观上改变了市场结构和产业绩效，创新了传统产业的生产方式和组织管理；在宏观上使一个国家的产业结构和经济增长方式得到了改变，对产业结构转换和升级，提高一国的产业竞争力具有重要作用

综上所述，学者们多从促进经济增长这个角度对产业融合产生的效益进行论述。随着社会财富的不断积累和人们闲暇时间的持续增加，人们对精神生活与健康生活的追求日益重视，休闲体育产业与健康旅游产业的融合效益不仅体现在促进地区的经济发展上，而且体现在能否满足人民日益增长的美好生活需要上，回归"人本"的产业融合将会具有更多时代价值。

2. 关于休闲体育产业的研究综述

（1）关于休闲产业的研究

国外最早关于休闲产业的研究始于1899年的美国，凡勃伦在其出版的《有闲阶级论》中从经济学角度讨论了休闲与消费的关系，并将休闲定义为人们的一种生活和生存方式，开创了休闲研究的先河。到了20世纪50年代，休闲产业正式成为发达国家高等教育中的一门学科，美国、澳大利亚、日本等国家的休闲产业一直处于世界发展前列。由于休闲这一活动所包含的对象广泛，在对休闲产业进行界定时，凡是与人们的休闲消费行为相关的产业，都可以被列入休闲产业的范畴，这就决定了休闲产业内涵之广泛。关于休闲产业的研究也随着国民经济的高速发展与人民生活水平的极大提高而逐渐增多，学者们分别从不同角度对休闲产业进行了界定。（如表6-6所示）

表6-6 关于休闲产业的主要研究

角度	学者	主要观点
闲暇时间	美国学者布朗和威尔（Brown & Veal）	休闲产业是向人们提供物品、服务和设施从而满足人们休闲消费的组织和个人的集合
休闲行为	美国学者杰弗瑞·戈比	休闲产业是与人们的游园、疗养、旅游等休闲行为有关的团体组织与相关职业
休闲需求	于光远	休闲产业是在市场经济条件下，需要有人投资与运作并在一定程度上为其他产业服务，从而满足人们的休闲需要
休闲行为	马惠娣等	休闲产业是以服务业、娱乐业、旅游业等产业为龙头形成的经济形态和产业系统，满足人们休闲生活、休闲行为、休闲需要（物质与精神）的相关产业
消费者	卿前龙	休闲产业是以消费者休闲消费需求为导向，在国民经济中广泛存在的生产休闲物品和休闲服务的总称
休闲生活	黄志锋	休闲产业是以旅游业、文化业、体育产业、娱乐业为主所形成的经济形态和产业领域，以产业链或产业集群的形态出现

以上学者们对于休闲产业定义的研究主要包含了以下几个含义：一是休闲产业是由休闲消费需求引发的、以休闲消费者为主要对象的产业；二是休闲产业提供的产品包括物质与服务产品；三是休闲产业主要由旅游、文化、娱乐、体育等行业复合而成。

通过以上研究可以发现，休闲产业是一个包含了多个行业的复合产业。通过总结归纳可以发现，这些行业多归属为国民经济三大产业中的第三产业，即服务业，同时也包含目前国家重点支持发展的"幸福产业"的主要内容。

（2）关于休闲体育产业的研究

对休闲体育产业进行研究，首先要对"休闲体育"这一概念进行界定，休闲体育是休闲的一个下位概念，它不仅反映了休闲的本质属性，还体现出体育的特殊属性。结合上文对休闲产业研究回顾的分析可知，休闲体育产业是休闲产业的一个重要组成部分，所以休闲体育产业的内涵既有与休闲产业交叉的部分，又具有区别于休闲产业其他部分的彰显体育产业属性的部分，所以笔者对休闲体育产业研究的梳理主要从以下三个方面展开：

第一，关于休闲体育内涵的研究。从学科发展的角度看，休闲体育的内容主要涉及休闲学与体育学两个母学科。在国外的相关研究中，主要将休闲体育放置于休闲学之下，围绕着人的休闲需要，从闲暇时间、休闲问题等角度，揭示人们休闲体育行为等休闲现象的规律。由于休闲体育进入国内的时间较晚，国内学者们对"休闲体育"内涵的探讨众说纷纭，结合时代背景以及国外的经验，纷纷提出了自己的看法。（如表6-7所示）

表6-7 关于休闲体育内涵的主要研究

角度	学者	主要观点
哲学	于涛	社会学角度定义的"余暇体育"未能充分揭示"Leisure Sport"的深层含义；从哲学的角度分析Leisure Sport概念的内涵，认为"休闲体育"更为合适
休闲学	石振国	延续和发展休闲研究领域，应从时间、从事休闲体育的心境与过程，以及休闲体育文化观转变中全面把握，不能单纯地从某一方面进行界定
社会发展	许娇等	具有特有的文化内涵和价值意义，在促进人的多方面发展的同时还可以缓解人与人之间紧张的关系，赋予人们一种内在的满足、乐趣和宽慰，充当了社会的安全阀
个人发展	王深	是一种自由的体验，给人们提供了充分发挥创造性、积极性以及自主性的机会
价值论	陈岳东	认为休闲体育在全面提高人的素质、加快经济的发展、促进社会和谐与城市可持续发展，以及促进人们健康生活方式的形成等方面有重要的价值

续表

角度	学者	主要观点
目的说	李相如	在自由支配时间中，为满足身心休闲需求，以体育运动的方式直接或间接地进行休闲体验的一种自给自足的社会文化活动

综上所述，国内学者对于"休闲体育"内涵的研究在选取的视角上各有不同，对于"休闲体育"概念的界定尚未形成统一的认识。但是休闲体育在范畴的归属上离不开时间与活动的界定，在价值归属上也趋于强调其对个人与社会发展的贡献。随着人们的休闲意识逐渐加强，休闲消费逐渐深入人心，休闲体育无论是在文化内涵层面还是在经济社会层面都有其独特的价值，在时代不断发展与休闲产业布局不断深入的背景下，学者们对于休闲体育内涵的挖掘也逐步深入。

第二，关于休闲体育产业发展的研究。根据前文对休闲体育产业的概念界定，休闲体育产业是休闲产业与体育产业交叉形成的产业，既继承了休闲产业在精神与价值方面的特性，又有体育产业的实践性内容。国外关于休闲体育产业的研究都具有各国特色，符合各国实际，如美国注重创新、西班牙注重品牌、澳大利亚注重体验等。国外的这些研究侧重点为我国休闲体育产业的研究发展提供了极大的借鉴。国内相关学者也针对我国发展实际纷纷提出了自己的看法，如休闲体育产业是指为满足人们休闲体育需求而提供休闲体育产品（物质或服务）组织的集合。这一界定中以体育为基本资源提供产品和服务属于体育产业范畴，体育产业有着自己的产业体系与产业价值链，结合满足人们休闲需求这一目的而形成的休闲体育产业也相应形成了区别于体育产业与休闲产业的产业体系。学者任慧认为休闲体育产业深受体育、娱乐、休闲产业及相关部门的影响，其生产的产品，既由专业的商业休闲体育组织机构提供，也由融入产品价值体系中的旅游、传媒、创意等非体育类部门提供。也有一些学者则指出目前我国休闲体育产业结构性矛盾的困境主要体现在需求侧的健身休闲产品不能有效供给、健身休闲产品创新性不足，以及供给侧要素和制度结构不合理等问题。

针对以上我国休闲产业发展实际和存在的问题，结合我国社会经济发展的实际情况，学者们从以下几个方面提出了解决方法（如表6-8所示）：

表 6-8 关于休闲体育产业发展的主要研究

角度	学者	主要观点
资源依托	郭修金等	对长三角地区构建休闲体育圈进行战略构建设想,以文化、经济与行政等统一协调为基础,以区域内城市景观、山河湖海等自然资源分别构建不同的休闲体育区域带
人本文化	方春妮等	在"休闲城市"发展理念下,认为应以"人文关怀"理念积极建设城市休闲体育空间
业态发展	李东鹏	认为休闲体育产业的发展呈现出多元跨界融合发展、技术创新发展、产业内部结构不断调整优化,不断推进形成诸如运动休闲特色小镇、体育旅游综合体、体育田园综合体,以及休闲体育等不同的产业形态
发展理念	单凤霞等	以"创新、协调、绿色、开放、共享"的新发展理念为基点,提出城市休闲体育发展应积极培育发展新动力,谋求发展新格局,构建发展新模式,以及共享发展新成果等
品牌影响	曹庆荣	提出应落实一、二、三产业融合来创新开发思路,以健全保障机制来打造体育旅游产品和业态差异化竞争格局,以政府调控监管来促进资源的有序开发,以及以媒体宣传为载体扩大品牌影响力

综上所述,从休闲体育市场以及休闲体育发展趋势来看,我国的休闲体育市场尚未形成一种合理、有序、完整的投资趋势,无论是在政府政策法规的制定方面,还是在市场投资以及民众的参与方面,均存在着一定的问题,同时学者们纷纷针对目前存在以及以后可能出现的问题提出了相应的解决方法。而笔者以桂林市作为实证,研究桂林市休闲体育与健康旅游产业的融合发展,不仅是对我国休闲体育产业新的探索以及群众密切关注"幸福产业"的考究,同时也是对前人研究中所提出的各项模式与方法的一种实践,无论是在理论上还是在实践上都具有重要意义。

第三,关于休闲体育产业融合的研究。在政策的不断推动下,我国休闲体育产业得到了高速发展,与相关产业的融合发展备受市场青睐,逐渐成为我国经济增长的亮点,体育与旅游产业、文化产业、健康产业等相关产业融合发展形成的新的产业形态不仅丰富了休闲体育产业的内容,也不断地促进了休闲体育产业结构的优化,对于挖掘休闲体育产业的发展潜力具有重要的意义。笔者主要通过以下几个方面梳理近年来学者对休闲体育产业与相关产业融合发展的研究(如表6-9所示):

表 6-9 关于休闲体育产业融合的主要研究

角度	学者	主要观点
融合机制	杨强	融合的基础是体育产业的关联性,融合的中心是体育产业本身,融合的本质是创新,资产通用性特征则是产业融合的内在机理
融合动力	杨强	体育企业竞争激烈是融合的驱动力,体育市场需求多样是融合的拉动力,体育相关产业政策的出台是融合的推动力
融合阻力	刘晓明	管理体制上呈现条块分割与行业壁垒,经营方式与产权结构的缺陷,体育旅游产业刚起步,市场规模小,受众群体局限,体育旅游服务中介机构数量少
融合模式	杨强	重组融合(体育产业内部各子产业,上下游产业链),延伸融合(与体育产业高关联的其他产业,实现功能互补),渗透融合(高科技行业对体育产业的渗透)
融合路径	李燕燕	树立大融合理念和大健康理念,树立打造核心竞争力理念,树立共享共建理念,加大对复合型人才的培养力度
融合过程	何祖星	不断打破各自原有的价值链体系,不断突破,逐渐交叉产业边界,以渗透、延伸的形式连接彼此领域,通过不断的重组、整合与创新,最后产生新业态
融合创新	林勇虎等	主体协同创新(政府、市场、社会等),内容协同创新(产品、服务、管理等),过程协同创新(运营、资源配置等)

综上所述,通过对近年来学者对体育产业与相关产业融合发展研究的回顾可以发现,目前我国关于体育产业融合发展的研究不断增多,印证了体育产业与相关产业的融合发展成为大趋势这一事实。学者们从产业融合的基本理论出发,对体育产业融合的机理、过程、模式、路径等方面进行了深入细致的研究,为此项研究奠定了扎实的理论基础。

但是由于体育产业的内容过于宽泛,其在与同样宽泛的旅游产业进行融合研究时所形成的理论与模式的适用范围也相对宽泛,并且许多研究多是停留于理论层面,并未有扎实的案例进行支撑。而笔者将视角定在休闲体育与健康旅游的融合发展上,选取"旅游范畴"中与休闲体育的内涵更为贴近的"健康旅游"为对象与休闲体育进行融合发展的研究,具有一定的创新性,而近年来随着国家对全民健身与全民健康的重视以及促进体育消费等政策的出台,可以预见的是在越来越注重健康的大环境下,休闲体育与健康旅游融合发展的研究将会是近几年研究的热点,这也是本书的新颖之处。

3. 关于健康旅游产业的研究

在国外，健康旅游这一概念可追溯到20世纪80年代早期。乔纳森·N.古德里奇（Janathan N. Goodrich）将健康旅游定义为旅游目的地（或旅游设施）充分利用和设计保健设施与服务（除常规旅游活动之外）来吸引游客。加拿大旅游委员会则认为旅游产品与旅游者对保健、养生的需求和旅行结合起来即为健康旅游。亨特·琼斯（Hunter Jones）认为在对健康旅游的概念进行研究时，不应将视角仅放在卫生、保健、身体健康等问题上，还应该有更广泛的研究领域。亨德森（Henderson）则认为健康旅游主要有选择性治疗、医疗旅游等。由此可见，国外关于健康旅游的研究主要从人们保健、养生的需求出发，经过一段时间的发展之后进一步拓展其内涵，对健康旅游的研究突破卫生、保健的范畴，并指出健康旅游与医疗旅游的区别在于医疗旅游是患者以康复治疗为目的而进行的相关活动，而健康旅游强调的是一种预防性。

反观国内，健康旅游最早出现在2001年，是伴随着文化和旅游部推出的"中国体育健身游"主题旅游年而出现的，随着人民生活水平的不断提高，人们追求健康生活的愿望更加强烈，对健康旅游的需求也更加迫切。通过梳理近年来对"健康旅游"的研究发现，国内学者关于健康旅游的研究不多，笔者主要从以下几个方面对近年来"健康旅游"的研究进行梳理：

（1）健康旅游概念研究方面

学者朱韬从宏观方面对健康旅游进行了概念的界定，认为健康旅游是休闲度假旅游与健康产品或资源相结合的产物，这也说明了健康旅游本身就是健康产业与旅游产业融合的产物。学者王艳等则将健康旅游分为增强体质型、休闲调整型、求医疗养型、自我实现型四种，这主要从不同人群的需求出发对健康旅游进行分类，即认为健康旅游以实现改善旅游者身体健康状况为主要目的。欧阳儒彬等认为健康旅游是以其富有趣味性的活动，集休闲观光与运动健身于一体的旅游方式，在旅游中不断增强人的身体抵抗力，获取身心健康。这一定义强调了趣味活动为旅游者在相关活动中提供更有效的康复治疗与强身健体的功效。杨荣斌则以旅游业发展理念、旅游者动机为界定内涵标准，认为保健旅游、养生旅游、医疗旅游等都应属于健康旅游范畴。该观点主要从旅游业与旅游者的视角出发界定健康旅游，但对健康服务业内容的挖掘不够深入，难以全面概括健康旅游。而李东则进一步拓展了健康旅游的内涵，认为健康旅游是以自然环境和历史文化为背景，将中医养生、心理介入、传统养生保健、现代医学等理论和方法，以及各种有益于身心的文化、运动、赛事等方式和旅游业有机结合，实现改善、增进和保持旅游者身体和心理健康的旅游活动。

综上所述，目前学者们关于健康旅游内涵的界定主要围绕以下几点：一是融合型特征，既与卫生、医疗等方面密切相关又离不开旅游系统的支撑；二是人们的需求导向，即人们在旅游中的不同的健身需求或进行相关健康活动时对旅游的需求等加速了旅游业与健康业之间的互动；三是持续性的扩展，即随着时代的不断发展，学者们对健康旅游的内涵不断充实与丰富，使社会对于健康旅游的研究不断深入。

（2）健康旅游产业发展方面

随着大健康时代的到来，在人们对健康需求日益增加的驱动下健康产业也得到了一定的发展，但随着发展逐渐深入，问题也逐步显现。学者们从不同的角度对健康旅游产业的发展提供了建设性思考。白鸥运用多主体共演模型对杭州健康旅游业进行了创新性研究，并认为健康旅游产业可以从产品、流程、组织以及市场四个方面进行创新。该观点指出，持续性、全过程的创新是健康旅游产业健康发展的重要渠道，而其提到的产品、流程与组织的创新则与产业融合的相关理论不谋而合，进一步论证了本研究的可行性与合理性。刘庆余认为，可以从四个方面发展健康旅游产业：深入挖掘中医药资源，推出健康养生旅游全体验产品类型；因地制宜，突出特色，构建全链条健康养生旅游产业示范区；加强顶层设计，构建健康养生旅游全覆盖公共服务体系；以"旅游+互联网"为媒介，构建健康养生旅游全媒体营销网络体系。以上四个方面的措施为各地健康旅游示范基地的建设方向提供了一定的参考，同时也结合了当下发展趋势与发展热点。李慧芳则将上述措施进一步总结为"原生态化""一区一品""互联网+健康+旅游"，以及"资源深度融合"四大开发模式，更形象地指明了健康旅游发展的方向。

综上所述，健康旅游作为新型业态，学者们主要从产品创新、资源的整合、示范区的构建、大数据时代的"互联网+健康+旅游"等角度对健康旅游的发展提出了相应的发展建议，而在此基础上提出的休闲体育产业与健康旅游产业的融合发展则是就上述建议进行了实践性的探索。

二、休闲体育产业与健康旅游产业融合机理

（一）休闲体育产业与健康旅游产业融合发展条件

1. 休闲体育产业与健康旅游产业融合主客体

（1）主体部分

企业作为产业系统中的主体生产经营部门，其生产经营的内容、决策以及走向直接关系着产业发展的走势。休闲体育产业与健康旅游产业融合的主体主要由体育企业、旅游企业以及健康服务企业等构成，这些企业可以通过自身的资源（包括资金、人力等）推动本企业进行以休闲体育与健康旅游服务为主体内容的多元化经营，推动其融合发展。值得注意的是，虽然在我国促进休闲体育产业与健康旅游产业融合的主体以各产业的企业为主，但从多元主体治理理论来看，政府主体、社会主体以及个人主体同样发挥了重要的作用。政府主体（主要包括旅游、体育以及健康行政部门）是政策的制定者与落实者，在社会主义市场经济体制下，政府主体对休闲体育产业与健康旅游产业的融合发展有着"引路人"的作用；社会主体（如事业单位、工会、协会以及各类团体等）是休闲体育产业与健康旅游产业融合发展的传播者，二者融合发展离不开社会各界的支持；个人主体则是休闲体育产业与健康旅游产业融合发展的验收人与受益人，群众对融合型产品的评价与反馈成为二者融合发展的不竭动力，而群众满意与否直接关系到休闲体育产业与健康旅游产业融合的价值能否实现。

（2）客体部分

休闲体育产业与健康旅游产业的客体主要是指休闲体育产业与健康旅游产业的主体直接作用的对象。笔者主要从以下几个方面概括休闲体育产业与健康旅游产业融合的客体：第一，内容（主题）要素，主要包括能够涵盖体育、旅游、健康三方面元素的知识、技术等，这是促成多元化融合型产品诞生的主要要素，也是休闲体育产业与健康旅游产业融合发展的主题；第二，人才要素，产业内部、产业之间的运作，融合型知识与技术的学习、融合型产品的生产与运营都需要通过人这个载体去进行，在从事休闲体育产业与健康旅游产业的企业当中，业务人员素质、能力的高低直接关系到本产业与其他产业融合发展的质量，也是二者融合发展最重要的战略资源；第三，平台要素，休闲体育

产业与健康旅游产业融合发展的产品、服务以及理念需要通过一个具体的平台去展示与传播,这个平台是融合型产品多元化表现形式的重要平台,它可以是互联网、高科技技术等虚拟的传播平台,也可以是旅游景点、体育馆等实体的平台。平台要素为休闲体育与健康旅游融合发展提供了重要的支撑。

2. 休闲体育产业与健康旅游产业融合的先决条件

(1) 紧扣改革创时代主题

随着时代的不断发展,我国经济已经从高速增长阶段向高质量发展阶段进行转变,而"高质量发展"离不开改革创新。改革创新是我国社会主义核心价值体系的基本内容之一,以改革为核心的时代精神和以创新为核心的时代旋律不断推动着我国经济社会向前迈进。在全面深化改革的攻坚期,进一步扩大内需,应对全球经济下行,着力推进供给侧结构性改革,落实创新驱动发展战略是"十四五"期间的重要任务。在这样的经济社会背景下,我国产业体系的成长空间得到进一步拓展,行业间的壁垒降低,使得跨产业、跨领域的现象不断出现,作为国家"幸福产业"的体育、旅游与健康产业,紧扣改革创新的时代主题,积极协同创新,不断探索出新的产业形态,为供给侧结构性改革的推进提供力量。

(2) 响应健康中国时代号召

2016年《"健康中国2030"规划纲要》、2017年《全民健身指南》、2019年《健康中国行动(2019—2030年)》的相继颁布,标志着我国社会已经迈进"大健康"时代。实现人的全面发展离不开人的健康,而推进健康中国建设,不仅在全面提升中华民族健康素质方面有所帮助,对实现人民健康与经济社会协调发展也具有重要意义。随着我国经济社会的持续深入发展,老龄化、职业病等社会现象日趋严重,健康问题终将是人类社会必须面对的巨大挑战之一。在这样的背景下,推动健康服务业供给侧的改革势在必行,大健康产业在国家高密度政策的推动下,成了当下人们最关注的行业。而休闲体育产业与健康旅游产业的融合使健康服务业在旅游、体育两个较为成熟的产业的推动下得到丰富与升级,在满足人民群众多元化的健康服务需求的同时,也践行了《"健康中国2030"规划纲要》的战略要求。

3. 休闲体育产业与健康旅游产业融合的基础条件

(1) 资源共享

这里的资源主要包括自然资源和人工资源。自然资源主要包括山川、湖泊、森林、河流等大自然的产物，人们可以在这天然形成的山和湖泊等自然资源中进行相应的体育活动，如登山、赛艇等。我们可以发现，在旅游产业的活动内容中，山河湖海等自然资源是重要的旅游资源，如负氧离子含量丰富的山间空气、富含营养的有机水果和蔬菜等自然资源就属于健康资源范畴。人工资源方面，具有高识别度的体育场馆、体育公园等历年来吸引着大量的游客前去游览观光，丰富了旅游产业的内容，带动了旅游产业发展，同时这些场所往往也是人们进行晨练、跑步等健身活动的场所，体育与健康有着本质上的联系。综上可以看出，无论是自然资源还是人工资源，都有利于使休闲体育与健康旅游串联起来推动其融合发展，资源的共享为休闲体育产业与健康旅游产业的融合发展奠定了扎实的基础。

（2）资产共用

体育本体资源有着高渗透性、强通用性的特征，而旅游产业有着强关联性、长产业链的特征，健康产业则有着强依附性、长产业链等特征。在这些关键词中，高渗透、强关联、强依附等均是高关联性代名词，在大健康时代背景的召唤下，这些产业的特征将会得到进一步显现，从而使体育、旅游、健康三个产业之间的资产通用。资产通用除上述资源的共享之外，还主要体现在技术、人才、平台等要素上。在技术要素层面，体育活动可为户外旅游活动、健康活动等提供技术指导，使相关活动能够更有效地进行；在人才要素层面，由于企业多元化经营趋势不可避免，旅游产业中的从业人员不仅是旅游景点的介绍者，还扮演着体育健康理念传播者的重要角色，休闲体育和健康旅游的复合型人才逐渐受到市场的青睐；而在传播平台层面，旅游产业作为较为成熟的产业，为体育、健康产业提供了展示的平台，使从事体育、健康产业的企业通过"学习效应"掌握相应的管理技术知识，同样地，在体育、健康产业的渗透下，从事旅游产业的企业也借助其发展实现现有旅游市场的转型，推动旅游市场朝着高质量的方向发展。

（3）资本共融

资本要素是实现产业生产要素有效流通和重组的必备资源，合理的市场投融资环境推动着产业融合的创新。在休闲体育产业与健康旅游产业融合的先决条件（经济转型、供给侧结构性改革、社会民生）下，国家和政府针对旅游、体育、康养等能够有效激发社会投资活力、促进消费结构升级的生活性服务产业出台了多部文件，在行政审批、市场准入等方面或是简化手续或是降低门槛，为社会资本进入旅游、体育、健康等市场领域创造了条件。例如，在体育产业中，2022年国内体育相关公司的投融资事件共有54起，其中透露了投融资金额的共47起，总额约合13.6678亿人民币。从投资行业的细分领域来看，健身、电竞/游戏、赛事运营及服务、体育外延消费等位于前列。可以预见的是，将来，体育旅游、体育健康服务、"互联网+体育"等领域将会成为未来资本青睐的对象，各行业的巨头纷纷将视线投向该领域，逐渐实现休闲体育产业与健康旅游产业的资本共融。

（二）休闲体育产业与健康旅游产业融合发展过程

休闲体育产业与健康旅游产业融合发展最基本的特征就是产业边界模糊化，即体育企业、旅游企业、健康服务企业为能在大健康时代下的新领域中攫取和开发新的价值，通过重塑现有的产业价值评价体系，创造出新的竞争优势，建立的新的市场边界。不同产业在动态演变的过程中，产业链之间的核心价值要素朝着相同的方向前进而得以改变，这些核心要素凸显出来后，通过产业融合来进行设计与再设计，直至产生新的产业链价值系统，为融合型产品的诞生奠定基础。价值系统主要由企业的价值链组成并集中反映产业价值链的价值创造属性，由此，休闲体育产业与健康旅游产业融合的本质是基于两大产业链的解构与重构，通过重组融合的方式形成新的价值创造空间，进而孕育出新的休闲健身旅游业态。

1. 产业链解构

在休闲体育产业与健康旅游产业融合的过程中，休闲体育产业的传统产业链主要由休闲体育服务业中的体育健身休闲业、体育竞赛表演业、体育旅游业等主要价值活动构成；健康旅游产业的传统产业链主要由高端医疗服务业、康复疗养服务业以及休闲养生服务业等基础服务业构成。在大健康时代背景下，当两大产业发生融合时，两大产业在各自专业化分工的促进下，各产业价值链在改变的过程中，促使那些符合当下经济社会价值趋势的价值活动单元从原来的产业链中逐一断裂、解散，最后两大产业价值链的价值活动单元分解完毕，二者共同置身于一个原始的价值活动空间中。

2. 产业链重构

产业融合使休闲体育产业与健康旅游产业的原始价值链分解为多个价值活动单元之后，以人民对幸福生活及健康养生的需求为导向，在未来融合型市场规模的选择下，将被分解出来的最优、最合理、最符合市场发展实际的价值活动单元重新组合，从而构造出一条新的融合型产业链，产生出兼具休闲体育产业与健康旅游产业特征的新业态，这个新业态的产生以原产业为基础，并不断对原产业的产业链进行丰富和补充。

三、桂林市休闲体育产业与健康旅游产业融合发展分析

（一）桂林市休闲体育产业与健康旅游产业发展概况

1. 桂林市休闲体育产业发展概况

随着国务院《关于加快发展体育产业促进体育消费的若干意见》（国发〔2014〕46号）等国家和自治区的各项政策的颁布，桂林市结合自身发展实际，充分利用市内的山水文化旅游资源，借助桂林国家旅游胜地建设平台，以体育旅游为休闲体育发展的重点，保持良好的发展势头，体育市场不断繁荣。结合桂林市体育产业发展的实际，桂林市以发展体育旅游产业为抓手，以引入赛事为牵引，以完善公共基础设施为保障，为桂林市休闲体育产业的稳步发展提供坚实的保障。

（1）以市场需求为出发点，大力发展体育旅游产业

在体育旅游资源的开发上，为充分发挥桂林"山、河、岩、泉、洞、峡、湖、瀑"的地理资源优势，积极推进攀岩、漂流、赛龙舟、赛艇、滑翔伞、户外徒步等户外体育休闲旅游产品开发。市内各级政府部门为转型升级传统的观光旅游，以市场需求为导向，积极吸引社会资本参与投资建设体育旅游项目，或在旅游景区景点增设体育健身休闲娱乐项目。例如，阳朔燕莎航空运动营地、全州天湖度假区滑雪场、桂林罗山湖体育运动旅游休闲建设项目、桂林凤凰体育运动休闲区建设项目、桂林愚自乐园户外体育运动项目、桂林"玉圭园环球名胜"、桂林城北体育文化城、桂林希宇文化创意产业园等项目的投资主体均来

自社会民营资本。它们有的以体育休闲运动为主，有的以体育休闲运动为辅，在不断创新体育与旅游融合发展模式的过程中，丰富了体育旅游的内涵，加强体验方式的多元化、高质量建设，打造出集体育、健康、旅游、文化等多元素于一体的国际化体育旅游品牌，显示出休闲体育产业对桂林国际旅游胜地建设的重要作用。

在促进桂林市体育产业健康有序发展方面，在桂林市体育局的筹备下，2017年11月桂林市体育产业协会成立，协会由桂林市内52家从事体育及相关产业的企业组成（见表6-10）。桂林市体育产业协会的成立，对加快桂林市体育产业发展进程、拉动桂林市体育消费服务、促进桂林市体育经济繁荣有着重要意义，因此而形成的产业集聚效应对提升桂林市体育产业的整体实力有着深远的影响。

表6-10　桂林市体育产业协会会员一览表（部分）

单位名称	经营范围
桂林力港网络科技	通过互联网络平台经营游戏产品；网络游戏研发；信息服务
桂林市阿比克健身	体育健身、培训
桂林国奥城投资开发有限公司	体育馆及设施的开发及维护；全民健身活动推广服务；体育项目、健身项目的开发；健康管理咨询服务；承办展览展示活动；旅游信息咨询服务；旅游文化推广；酒店管理
桂林罗山湖集团有限公司	群众文化场馆服务，室内体育场所服务，休闲健身活动服务
桂林十二滩漂流	河道漂流、生态旅游、餐饮服务、住宿服务
桂林五排河旅游	旅游资源开发、景点的管理，旅游纪念品的销售；旅游咨询服务，水路旅客运输
桂林漓江高尔夫乡村俱乐部	高尔夫球场、钓鱼塘、跑马场、餐厅、俱乐部、酒店、休闲住宅、游乐场所、健身养生中心、游艇及自用车队
阳朔县银河户外运动俱乐部	攀岩、探洞、徒步、骑行、皮划艇、户外运动组织策划
桂林信和信集团	科技、教育、健康产业、旅游产业
桂林金钟山	休闲、健康、养生、旅游项目的投资、开发建设管理

（2）以开放赛事为突破点，彰显体育赛事活动的品牌效应

在赛事引进方面，桂林市以"胜地"建设为引领，以扩大"名城"效应为

抓手，针对性地引进和举办了一批与国际旅游胜地匹配度较高的比赛。例如，阳朔国际山地越野赛、中国阳朔国际攀石公开赛、桂林国际马拉松赛、资源漂流世界杯以及环广西公路自行车世界巡回赛等一系列重大赛事不仅吸引了一大批中外体育运动爱好者前来参赛和旅游，而且还形成了较好的赛事旅游氛围。此外，这些大型比赛定位较高，属于国际性质的世界级比赛，影响力较大，较好地宣传了城市旅游文化，展示了桂林国际旅游胜地形象，极大程度地提升了桂林市的知名度，也为桂林市休闲体育产业的发展打下了坚实的基础。

在赛事运作方面，坚持政府主导、市场运作、社会参与的办赛运作，保证赛事的可持续开展。在政府的支持和指导下，通过招商引进赛事承办方和企业冠名办赛的形式，争取有经济实力的企业给予支持和赞助，较好地弥补了比赛资金的缺口，保证了各项赛事的顺利进行和持续开展。例如，桂林国际马拉松赛由中国田径协会、广西壮族自治区体育局和桂林市人民政府主办，国内专业的大型马拉松赛事运营公司——广州中体体育有限责任公司运营执行，桂林银行冠名和其他赞助商共同赞助举办，整个比赛在政府部门的主导下实现了市场化运作，不仅提高了赛事的专业度，服务质量有保障，而且实现了较好的经济社会效益。

（3）以保障供给为基本点，兴建公共体育服务设施

据桂林市体育局统计，全市现有体育场地 14685 个，人均体育场地面积达 2.704 ㎡，达到全区领先水平。在体育场馆门类方面，门类体系逐步齐全，以室外体育场地、健身场地为主的数量最多，为休闲体育产业的发展以及人民群众健身休闲提供了必要的保障。

而在户外旅游活动的基础设施建设上，为打造国内外知名的"户外运动天堂"，构建健身休闲产业"一核四区"的桂北体育旅游区，桂林市先后做了以下工作：以漓江风景名胜区为依托，在漓江风景绿道方面，建设了阳朔十里画廊骑行公路、桂林阳朔骑行慢道、雁山草坪骑行绿道、灵川大圩古镇骑行绿道、兴安绿道等户外设施；以桂北红色旅游资源为依托，建设了兴安、全州、灌阳健身徒步绿道；以体育休闲养生资源为依托，建设了龙胜龙脊、温泉养生线路、永福骑行公路等。目前桂林市有户外徒步旅游线路 20 余条，骑行绿（步）道公里数已突破 200 多公里，其中徒步漓江线路被评为"中国十大最美徒步线路"。桂林市成为中国第一个认证的"国际市民户外徒步城市"，成为国内外户

外运动爱好者的"徒步天堂"。

2. 桂林市健康旅游产业发展基础

（1）自然资源基础

桂林市地处低纬度地区，雨量充沛，气候温和，森林覆盖率达70.91%，人均水资源是全国人均水平的6倍，而闻名世界的漓江的城市地段地表水质达到全国饮用水标准，漓江沿岸的多数景区每立方米负氧离子含量超过9000个。桂林市是天然的氧吧城市，孕育出了永福县、阳朔县以及恭城瑶族自治县三个中国"长寿之乡"。在这样的自然环境下，桂林市拥有丰富的健康旅游资源，涵盖了以山水为依托的生态类健康旅游资源，包括空气、水资源、无公害食品等，为桂林市健康旅游产业的发展奠定了扎实的基础。

（2）产业资源基础

第一，成熟稳定的旅游市场。桂林市在以桂林国际旅游胜地建设"一本蓝图绘到底"的目标引领下，不断丰富诸如"健康旅游"的建设等内容，在丰富市内旅游形式的同时，实现可旅游人数和旅游收入双增长。据旅游部门数据显示，2022年桂林市全市接待游客总人数10695.55万人次，其中，接待入境过夜游客2.41万人次，接待国内游客10693.14万人次，说明了桂林市在国内持续保持着较高的旅游吸引力。在桂林旅游消费方面，2022年旅游总消费共计1277.90亿元，本市的建设发展对旅游消费发挥了重要的促进作用。桂林市作为一个国际知名旅游城市，国际旅游（外汇）消费755.31万美元，这说明桂林市有着成熟的国际旅游市场，涉及旅游出行的餐饮业、酒店业、交通运输业等相关产业都具备成熟的运营体系，为桂林市健康旅游产业的发展提供了完善的平台与强力的支撑。

第二，底蕴深厚的产业资源。在科研院校方面，桂林市拥有广西师范大学、桂林理工大学、桂林医学院、桂林旅游学院等院校，每年都会培养出大量的健康旅游类专业人才，健康旅游产业的人才体系得到保证，同时也建成了各类国家级科技创新平台64个，自治区级306个，为健康旅游产品的研发提供科研支撑。在医疗机构方面，桂林市拥有中国成立最早的医学会之一——崇华医学会，以及桂林医学院附属医院等三级医院近十家，二级医院二十余家。广西壮族自治区总工会桂林工人疗养院等规模以上的疗养院有六家，为健康旅游的发展奠定了医疗服务资源基础。在健康产业的发展方面，信和信·桂林国际智慧健康旅游产业园、中国东盟友好疗养基地等一批初具规模的大型健康产业项目相继脱颖而出，在辐射带动桂林市健康旅游产业的发展方面起着引导的作用，健康产业的集聚态势逐步形成。

第三，政策叠加的宏观环境。近年来，桂林市在国家对于健康旅游产业基地的建设要求的部署下，以《桂林国家旅游胜地建设发展规划纲要》为统领，将健康旅游示范基地的建设纳入全市"1+2"发展战略，制定了《桂林市养生养老健康旅游产业发展规划（2014—2025）》《桂林市健康旅游产业发展规划（2017—2025年）》等专项规划，不断引领产业发展。同时成功举办了2013—2016年间四届中国（桂林）国际养生服务产业创新发展高端论坛、2015年世界医疗旅游与全球健康大会、2017年中国（桂林）国际健康旅游高端论坛，以实际行动践行了以上政策，使桂林市健康旅游产业的发展迈上新台阶。

（二）桂林市休闲体育产业与健康旅游产业融合发展模式

基于休闲体育产业与健康旅游产业融合发展的过程，结合桂林市休闲体育产业与健康旅游发展实际，可将桂林市休闲体育产业与健康旅游产业的单元价值进行解构与重构。休闲体育产业方面的可解构为运动处方、休闲健身活动、休闲健身赛事、休闲体育旅游、体育培训等独立价值活动单元；健康旅游产业方面解构为健康养生服务、健康医疗服务、健康旅游服务、智慧健康服务，以及健康食品等独立价值活动单元。通过对桂林市休闲体育产业与健康旅游产业的走访调研可知，目前桂林市休闲体育产业的核心价值体系与在建的健康旅游项目的核心价值都离不开上述价值活动单元，所以在对桂林市休闲体育产业与健康旅游产业融合的价值链重构中，主要总结出以下几种融合模式的构建：

1. "体+医"休闲体育与医疗旅游模式

"体+医"休闲体育与医疗模式（如图6-4所示）主要是将休闲体育产业中的运动处方价值活动单元与健康旅游产业中的健康医疗活动单元进行重构，辅以休闲健身活动与健康旅游等价值活动单元，以产业延伸、产业渗透融合的方式，通过健康医疗配合运动处方，使患病者、亚健康人群等目标群体在旅游目的地居住一段时间，使其达到康复目的。该模式主要以服务目标群体为主要特征，将以运动处方和健康医疗为产品的产业渗透交织在一起，逐渐延伸产业链，实现产业融合发展，形成多样化的集治疗、康复、旅游于一体的综合性产业。

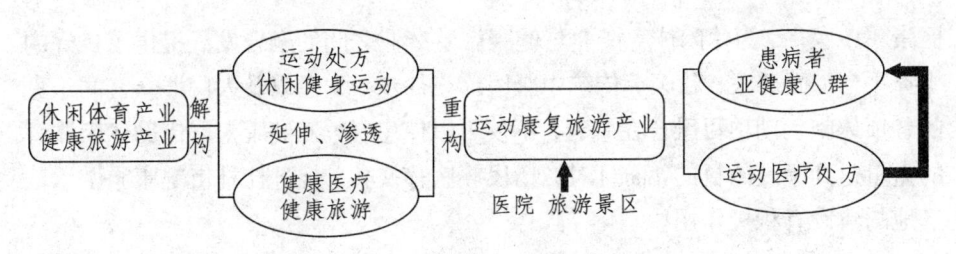

图 6-4 "体+医"重构模式示意图

桂林市作为国际知名的旅游城市，其山水文化资源为休闲体育与健康旅游的发展提供了天然的便利条件，同时桂林市不仅具备完备的现代医疗系统，还拥有以壮医、瑶医等民族医疗为代表的传统中医，将休闲体育运动（如徒步、八段锦、太极等运动项目）与壮医、瑶医、康复项目等融合在一起，在充分发挥传统中医预防保健治疗特色的同时，也利于形成集健身、康复、治疗于一体的综合性产业。

表 6-11 桂林"体+医"模式主要代表项目

项目名称	建设规模和建设内容	规划地
桂林国际中药城	占地约 360 亩，总建筑面积约 51 万平方米，分为健德中药仓储物流基地、中药材专业交易中心及中药旅游养生街等	临桂
桂林市崇信中医康复中心	占地面积约 1.3 万平方米，建筑面积约 3.5 万平方米，建设内容：中医康复大厦、康复病区 600 张病床、康复辅助设施	象山
信和信·世界瑶乡养生博览园	建设瑶医科学研究院、瑶族医药诊疗中心、瑶医养生中心等，建筑面积 13000 平方米	恭城
桂林市崇华国际中医养生体验基地（崇华中医街）	崇华中医文化街全长 790 米，建筑面积约 2 万平方米，主要涉及中医体质辨识、预防保健、养生等体验馆及中医养生保健产品展示、体验馆	秀峰
桂林"健康谷"国际康养旅游项目	占地 63 亩，建设了综合服务区、康养区、精品医疗区、公共附属设施区等	高新
自治区总工会桂林工人疗养院	总建筑面积 15550 平方米，二级康复医院 10042 平方米，建设了疗养小楼、文体活动中心、庭院景观建筑	永福

根据桂林市健康产业发展三年专项行动的健康养老类的建设内容，目前以上桂林市在建的项目均进行了相应的融合发展，以不断丰富桂林市健康旅游产业的内容，促进健康旅游示范基地的建设。由以上桂林市健康产业项目的建设可以得知，这些项目多以医院或景点为依托，如桂林市中医院与国家 3A 级景

区崇华中医街,为休闲体育产业与健康旅游产业之间的融合发展提供了良好的支撑平台,而瑶医、壮医等传统中医医疗与徒步、太极以及人民群众喜闻乐见的各项休闲运动项目融合在一起,不仅可以使患者、亚健康人群借助休闲体育的力量达到康复的目的,而且对弘扬民族医疗文化、促进桂林市健康旅游示范基地的建设有积极作用。

2."体+养"休闲体育与养生旅游模式

休闲体育与养生旅游模式(如图6-5所示)主要是将休闲体育产业中的休闲体育旅游、休闲健身活动价值活动单元与健康旅游产业中的健康旅游、健康养生价值活动单元以产业延伸的方式进行重构。该模式针对的主要目标群体主要有患者、亚健康人群等群体,通过让目标人群进行适当的休闲体育运动,在养生疗养目的地居住一段时间或定期进行相应的养生项目等,使目标人群能在身心愉悦、放松自我、追求自我价值等方面得到一定的满足。该模式主要以产业园、健康休闲特色小镇的形式为目标群体构建集养生、养老、康复、观光、旅游、休闲等一体化的产业形态。

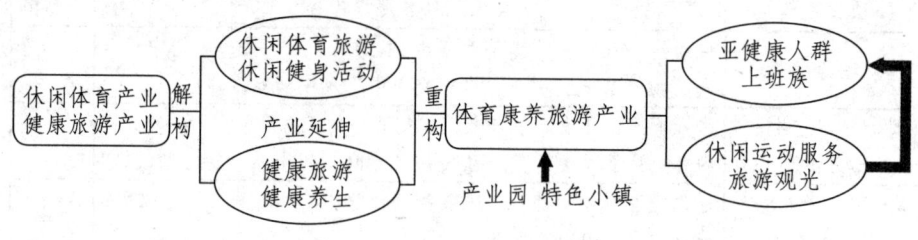

图 6-5 "体+养"重构模式

桂林市地处较低纬度地区,气候条件优越,全市森林覆盖率70.91%,而漓江作为桂林人的母亲河,其城市地段的地表水水质达到国家饮用水标准,漓江沿岸的多数景区每立方米负氧离子含量超过9000个。桂林市是个天然的氧吧城市,具备了人们休闲养生、休闲度假的基本条件。另外桂林市作为全球知名的旅游城市,有着较为成熟的旅游市场,且位于泛珠三角、西南、东盟三大经济圈的接合部,处于湘桂高铁、贵广高铁纵横交汇处,区位条件优越。因此休闲体育旅游与休闲体育运动相互延伸、相互交融,可以充分利用桂林市提供的自然环境条件与社会环境条件产生出集运动、文化、康养于一体的综合性产业形态。

由目前桂林市正在进行中的"体+养"模式建设的项目可知,在桂林市健康旅游示范基地建设的大背景下，关于健康、养生类健康旅游项目的建设投资大、覆盖面广，桂林市各区县依托本地资源优势与现有条件，积极引进社会资本进行项目的规划建设。从其责任单位主体来看，不仅有政府行政部门，如市旅发委、各区县人民政府、各区县旅游等，还有区内外的大型企业集团，如桂林旅游股份有限公司、桂林市旅游发展总公司、信和信投资集团等知名企业。所以在此项目建设中，从健康旅游项目中延伸出以休闲体育旅游、休闲体育运动为主要内容的康养旅游项目，能够进一步丰富项目经营内容，以健康特色小镇等为建设实体，实现政府资源、市场资源的共建共享，使休闲体育、健康旅游的资源得到有效配置。

表6-12 桂林"体+养"模式主要项目

项目名称	建设规模和建设内容	规划地
桂林市瑞盛旅游文化产业园	建设分为五大产业园区，度假酒店、养生养老、运动休闲、古民居影视城等建设	阳朔
桂林仙源健康产业园	投入资金10亿元，建设含3000张养生养老床位和30个社区养老服务中心	象山
阳朔兴坪休闲养生度假区（一期工程）	以千年古镇文化走廊、养生体验天地、养心康体部落、旅游服务集散中心为主的休闲养生度假胜地	阳朔
阳朔兴坪休闲养生度假区（二期工程）	建设山居养老度假居所、渔村滨水商业街、亲子迷你街、星级商务度假酒店等	阳朔
桂林国际休闲旅游养生园	建设主题养生区、特色休闲养生区、养生文化村公共服务集中区等	雁山
桂北民族文化养生度假旅游建设项目	天歌国际旅游度假区、养生康寿园、演艺大厅、民族医疗保健中心、广场、游客中心等项目建设	龙胜
桂林健康养生旅游基地	建设内容为：龙胜温泉健康养生基地的建设，资源温泉及天门山健康养生基地的建设，荔浦丰鱼岩休闲度假区健康养生基地的建设。具体建设内容有：温泉疗养设施、医院、学校、家庭养老设施、理疗中心、基础设施和公共服务设施的建设与改造等	龙胜 资源 荔浦
桂林金钟山旅游度假区	项目有森林养生之源——永福温泉景区、"天籁·金钟山"民俗演艺、溶洞奇观——永福岩景区、高尔夫练习场、足球场、露营基地等康体旅游项目	永福

3. "体+健"休闲体育与健身旅游模式

休闲体育与健身旅游模式（如图6-6所示）主要是将休闲体育产业中的休闲健身赛事、休闲健身活动、休闲体育旅游进行产业内的重组优化，产生共生效应，使休闲体育产业内各自产业间形成优势互补，减少潜在的市场风险，从而形成产业内部的合力，扩展发展空间，从而增加产业的竞争力。在休闲体育产业进行产业内部的产业重组融合之后，其新产生的产业形态以新的价值活动形式与健康旅游产业中的健康旅游、健康养生等价值活动单元进行重组型融合，实现产业间的优势互补，推动休闲体育产业与健康旅游产业的深度融合，酝酿出以休闲体育为主的创新型的融合产品与以户外运动为主要旅游形式的新业态，针对更多的人群提供丰富的户外健身旅游产品。

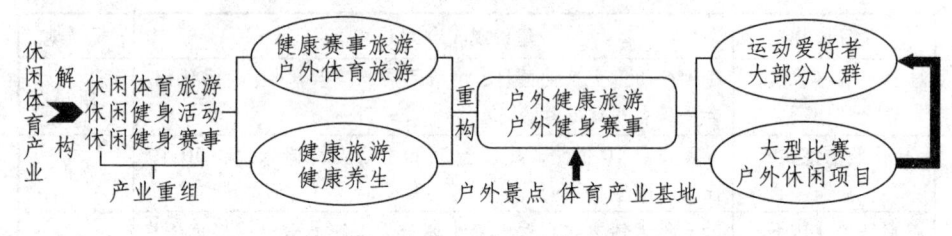

图6-6 "体+健"重构模式

在户外休闲体育活动方面，桂林市坚持以市场需求为导向，开展"一县多品"的户外休闲活动，如在阳朔县不仅有遇龙河漂流、龙颈河漂流、燕莎航空运动营地、三千漓景区露营、展卓通用航空阳朔基地、蝴蝶谷马场、探秘地下河、飞拉达户外营地、龙颈河溯溪瀑降、魔鬼洞探险、十里画廊自行车骑行、漓江皮划艇等户外运动项目，而且还开发了超过1000条的攀岩线路，每年接待国内外攀岩爱好者和游客10余万人次。在赛事旅游方面，在积极引进影响力较大的赛事的同时，充分发挥社会力量举办如漓骑2019环漓江200 km自行车挑战赛暨环广西公路自行车世界巡回赛桂林预热赛、2019龙脊梯田百公里跑山赛、2019发现·桂林城市定向赛、2019阳朔铁人三项赛、2019CPC中澳新新四国青少年马术（桂林）公开赛等系列赛事，在赛事的举办方面逐渐积累了丰富经验。

表 6-13　桂林"体+健"模式主要项目

项目名称	建设规模和建设内容	规划地
骑行绿道建设	洞井椅山生态村、环山道路、登山步道等项目建设；观音阁大井塘、立强沿江休闲绿道、绿化美化、休憩设施；永安关—月岭—九如堂—酒海井—下立湾—杨柳井—枫树脚—徐源—风力发电场—西山大江岭—县城旅游徒步线路	灌阳
红色旅游徒步通道	新圩阻击战枫树脚战场遗址陈列馆布展、战壕修缮、登山步道等设施建设；红色旅游通道及景观附属设施建设等驿站八处	灌阳
体育休闲小镇	水上运动场地、健身步道、山地自行车道、体育健身器材等	灌阳
罗山湖国际生态岛	项目以罗山湖周边的自然生态为背景，着力打造集生态观光、文化体育、娱乐休闲、康体保健、住宿、餐饮、购物于一体的智慧化综合性旅游服务区	临桂
五排河漂流基地	借助其良好的山地户外运动资源、少数民族民俗风情等旅游资源优势，建设全民健身户外活动基地，建设集体育健身、运动拓展、体育康复、健身气功（康复）、体育赛事娱乐等多种功能于一体的全民健身户外活动基地和度假旅游胜地	资源
桂林燕莎航空运动基地	开展滑翔伞、动力滑翔伞飞行体验；开展飞行娱乐活动；开展系留热气球飞行体验、游览观光活动	阳朔

　　桂林市拥有较为丰富的户外运动资源及较为扎实的户外体育产业基础，在《桂林市健康产业发展三年专项行动计划》中对健康产业细分领域有单独一项设置为休闲运动类，这说明休闲体育产业的相关内容已成为桂林市健康产业发展以及健康旅游示范基地建设的重要组成部分，为桂林市休闲体育产业的发展带来契机。在建设健康旅游示范基地的大背景下，桂林市的休闲体育产业从内部进行各子产业间的重组融合，将产业价值中的休闲健身赛事、户外运动等价值活动单元进行整合，促使桂林市休闲体育产业从内部做大做强，提高桂林市水上、冰雪、山地、攀岩、航空等户外休闲体育产业的竞争力，并以引进知名赛事为依托，以打响休闲体育产业品牌为目标，不断拓展休闲体育产业的知名度，进而以更好的姿态实现与健康旅游产业形成互补融合发展，助力健康旅游示范基地的建设。

4."体+智"休闲体育与智慧健康旅游模式

　　休闲体育与智慧健康旅游模式（如图6-7所示）主要是通过现代信息技术

对休闲体育产业与健康旅游产业进行渗透，充分利用云平台、大数据、咨询服务、健康管理，使休闲体育资源和健康旅游资源得到系统化整合和深度开发，实现休闲体育产业与健康旅游产业的数字化供给，以"问服务，要顾客"的姿态满足人民群众即时性、碎片性、互动性的需求，为旅游者提供便捷、高效服务的一种模式。

图 6-7 "体 + 智"重构模式

表 6-14 桂林"体 + 智"模式主要项目

项目名称	建设规模和建设内容	规划地
灌阳县区域卫生信息系统安全管理与运维体系及远程医疗体系	构建标准统一、功能完善、安全可靠的网络多级接入与监管系统整体平台	灌阳
医院信息化管理系统	医院EMR电子病历、电子处方系统、医院PACS影像系统、医院LIS检验管理系统、医院PES健康体检管理系统、排队叫号系统、门诊分诊系统、信息化机房及相关硬件等	阳朔
信和信·桂林国际智慧健康旅游产业园	创建国际一流的生命与健康产业园，以"国际生命科学研发中心"为引领，以"两院一基地"（生命与健康国际职业学院、康复医院、智能化养生旅游基地）为依托，创建集科学研究、教育培训、运动养生、生态养老、文化休闲于一体的大型城市综合体运营模式	象山
天湖生态旅游度假区冰雪世界滑雪场项目	引进国内外先进造雪系统及装备（拥有多套雪炮、雪枪等造雪设备）。西有"天界胜景湖山间"之称的天湖主湖，北有七贤谷高品质养生四季温泉，南有近万亩的湿地原始森林，夏可避暑，冬可赏雪，是集滑雪、登山、徒步、露营等多种健身运动于一体的高山体育休闲旅游度假区	全州

在"互联网 +"以及大数据等科学技术发展的背景下，桂林市在医疗卫生、体育保健与休闲体育运动等方面都开展了相应的尝试与项目的规划建设。通过对以上案例的总结分析，结合桂林市健康服务产业的发展规划特征，休闲体育

与智慧健康旅游融合发展模式在信息化背景下,充分利用网络平台,使休闲体育产业与健康旅游产业得到整合,并利用大数据的技术形成桂林市内的休闲体育与健康旅游资源数据库,以简便高效的方式为顾客提供良好服务。而在现代科学技术的加持下,VR(虚拟现实)、AR(增强现实)等高科技为休闲体育与健康旅游产业的经营内容提供了更多的可能,易于形成高科技类的健身休闲运动项目,实现二者的融合发展。

参考文献

[1] 白庆平，刘微. 产业融合视域下广西体育旅游产业的发展研究 [J]. 桂林航天工业学院学报，2022，27（01）：74-80.

[2] 陈美红，王秦英，梁四海，等. 我国体育旅游产业发展之路研究 [M]. 北京：中国书籍出版社，2020.

[3] 董二为. 体育旅游发展路径初探基础与案例 [M]. 北京：科学出版社，2021.

[4] 董亚琦，吴静涛，王春顺，等. 大数据助力体育旅游高质量发展的价值与路径 [J]. 体育文化导刊，2022（12）：1-6.

[5] 杜菊，宗克强，郑超. 中国体育旅游的研究特征与未来趋势 [J]. 四川旅游学院学报，2022（06）：87-92.

[6] 段红艳. 体育旅游项目策划与管理 [M]. 武汉：华中师范大学出版社，2017.

[7] 郭坚. 体育旅游资源的整合与发展研究 [M]. 北京：中国书籍出版社，2019.

[8] 黄东教. "滨海休闲体育旅游带"的构建及发展路径研究：以广西为例 [M]. 昆明：云南科技出版社，2021.

[9] 黄海燕，张林. 体育旅游 [M]. 北京：高等教育出版社，2016.

[10] 李菊花，谭达顺. 体育旅游产业竞争力研究 [M]. 哈尔滨：哈尔滨出版社股份有限公司，2021.

[11] 刘跃. 我国体育旅游产业协同管理与科学发展研究 [M]. 北京：中国书籍出版社，2022.

[12] 潘丽霞. 全域旅游视域下中国体育旅游发展研究 [M]. 北京：九州出版社，2021.

[13] 任莉莉. 广西壮族传统体育文化旅游开发适宜性评价研究 [D]. 桂林：桂林理工大学，2021.

[14] 上官黄哲. 桂林市体育旅游产业竞争力研究 [D]. 桂林：广西师范大学，2021.

[15] 唐志. 休闲体育与旅游融合发展研究 [M]. 北京：中国国际广播出版社，2019.

[16] 陶丽丽，冉荣，李倩影. 传承与发展：广西民族传统体育文化与旅游融合发展研究 [J]. 体育科技，2022，43（01）：110–112+115.

[17] 王雅慧. 新时代背景下我国体育旅游发展体系的构建 [M]. 北京：原子能出版社，2018.

[18] 文瑜. 中国体育旅游经济及案例研究 [M]. 北京：经济科学出版社，2021.

[19] 袁晓娟，梁业章. 全域旅游视角下广西体育旅游产业融合发展现状及分析 [J]. 现代营销（信息版），2020（06）：186–187.

[20] 岳辉. 体育旅游发展与竞争力提升研究 [M]. 哈尔滨：哈尔滨地图出版社，2020.

[21] 张健，蒋依依. 体育旅游绿皮书 中国体育旅游发展报告 2020–2021[M]. 北京：社会科学文献出版社，2021.

[22] 周洪松. 体育旅游市场开发及其可持续发展研究 [M]. 长春：吉林大学出版社，2020.

[23] 朱小丽. 新常态下广西民族体育旅游产业发展研究 [J]. 文化创新比较研究，2017，1（15）：115–117.